영적 권위
Spiritual Authority

SPIRITUAL AUTHORITY
by Watchman Lee

Copyright © 1972 Christian Fellowship Publishers, Inc.,
New York, U.S.A.
All rights reserved.

Korean Edition published by Word of Life Press, Seoul, 1973, 2001.
Translated and published by permission.
Printed in Korea.

영적 권위

ⓒ 생명의말씀사 1973, 2001

1973년 10월 15일　1판　1쇄 발행
1999년 2월 25일　　　19쇄 발행
2001년 2월 15일　2판　1쇄 발행
2024년 7월 1일　　　16쇄 발행

펴낸이 | 김창영
펴낸곳 | 생명의말씀사

등록 | 1962. 1. 10. No.300-1962-1
주소 | 서울시 종로구 경희궁1길 6(03176)
전화 | 02)738-6555(본사) · 02)3159-7979(영업)
팩스 | 02)739-3824(본사) · 080-022-8585(영업)

인쇄 | 예원프린팅
제본 | 보경문화사

ISBN 978-89-04-15399-2 (04230)
　　　89-04-18072-4 (세트)

저작권자의 허락 없이 이 책의 일부 또는 전체를
무단 복제, 전재, 발췌하면 저작권법에 의해 처벌을 받습니다.

영적 권위
Spiritual Authority

워치만 니 지음

영교자학

S·P·I·R·I·T·U·R·L　A·U·T·H·O·R·I·T·Y

역자 서문

　우리는 불법이 성행하고 있는 시대에 살고 있다. 현시대를 단적으로 말해서 무질서와 혼란의 시대라 하겠다. 이 속에 하나님의 자녀들이 살고 있다. 그럼 세상의 아들들과 하나님의 아들들은 어떻게 구별될 수 있을까? 이 문제의 해답을 제시하는 것이 본서의 목적이다.

　하나님의 자녀는 이 불법과 혼란과 무질서 속에서 세상의 자녀와 아무런 구별 없이 살아갈 것이 아니라 세상 가운데서 아름답게 빛을 발하여야 하리라. 그것은 위에 있는 권위를 발견하고, 그 권위를 누리며, 또한 그 권위에 복종하면서, 하나님 나라의 원리에 따라 짜임새 있는 질서의 삶을 삶으로써 가능하다. 이것이 하나님의 자녀의 한 특징이다. 다시 말하면, 하나님의 권위를 중심으로 모여 이끌기도 하고 따르기도 하는 권위와 복종의 삶을 사는 것이 하나님의 자녀의 두드러진 모습이다. 두세 사람이 모여도 그 가운데 하나님의 위임 권위를 찾아내가 먼저 섬기며 순종할 줄 아는 겸손함을 보여야겠고, 각양 권세를 위임받은 자는 두려움과 떨림으로 하나님을 대신하는 겸허한 태도가 오늘날 있어야 하리라. 하나님의 권위를 옳게 행사하고 옳게 복종하자. 그리하여 개인이 조용해지고 가정이 조용해지며 교회가 조용해지자. 제발 소란을 피우지 말고 조용해지자.

역자

C · O · N · T · E · N · T · S

목차

역자 서문   5

제 ❶ 부
권위와 복종

1. 권위의 중요성   11
2. 구약에 나타난 거역의 실례(1)   22
3. 구약에 나타난 거역의 실례(2)   31
4. 권위를 아는 다윗   47
5. 예수님의 순종   53
6. 하나님의 나라를 건설하는 방법   62
7. 위임 권위에 대한 순종   72
8. 몸된 교회의 권위   90
9. 인간의 거역의 표현(1)   102
10. 인간의 거역의 표현(2)   121
11. 권위에 대한 순종의 한계   132

제 ❷ 부
위임 권위자들

12. 하나님이 인정하시는 위임 권위자들   143
13. 위임 권위자에 대한 신임장 : 계시   155
14. 위임 권위자의 특성 : 자비   167
15. 위임 권위자가 되는 기초 : 부활   174
16. 권위의 오용과 하나님의 징계   185
17. 권위 아래 속해야 하는 위임 권위자들   196
18. 위임 권위자들의 일상 생활과 내적 동기   210
19. 스스로 거룩해져야 할 위임 권위자들   222
20. 위임 권위자가 되기 위한 조건   232

Part one

제 **1** 부

권위와 복종

AUTHORITY
AND
SUBJECTION

1
권위의 중요성

각 사람은 위에 있는 권세들에게 굴복하라 권세는 하나님께로 나지 않음이 없나니 모든 권세는 다 하나님의 정하신 바라 그러므로 권세를 거스리는 자는 하나님의 명을 거스림이니 거스리는 자들은 심판을 자취하리라 관원들은 선한 일에 대하여 두려움이 되지 않고 악한 일에 대하여 되나니 네가 권세를 두려워하지 아니하려느냐 선을 행하라 그리하면 그에게 칭찬을 받으리라 그는 하나님의 사자가 되어 네게 선을 이루는 자니라 그러나 네가 악을 행하거든 두려워하라 그가 공연히 칼을 가지지 아니하였으니 곧 하나님의 사자가 되어 악을 행하는 자에게 진노하심을 위하여 보응하는 자니라 그러므로 굴복하지 아니할 수 없으니 노를 인하여만 할 것이 아니요 또한 양심을 인하여 할 것이라 너희가 공세를 바치는 것도 이를 인함이라 저희가 하나님의 일군이 되어 바로 이 일에 항상 힘쓰느니라 모든 자에게 줄 것을 주되 공세를 받을 자에게 공세를 바치고 국세 받을 자에게 국세를 바치고 두려워할 자를 두려워하며 존경할 자를 존경하라(롬 13 : 1-7).

이는 하나님의 영광의 광채시요 그 본체의 형상이시라 그의 능력의 말씀으로 만물을 붙드시며 죄를 정결케 하는 일을 하시고 높은 곳에 계신 위엄의 우편에 앉으셨느니라(히 1 : 3).

너 아침의 아들 계명성이여 어찌 그리 하늘에서 떨어졌으며 너 열국을 엎은 자여 어찌 그리 땅에 찍혔는고 네가 네 마음에 이르기를 내가 하늘에 올라 하나님의 뭇별 위에 나의 보좌를 높이리라 내가 북극 집회의 산 위에 좌정하리라 가장 높은 구름에 올라 지극히 높은 자와 비기리라 하도다(사 14 : 12-14).

우리를 시험에 들게 하지 마옵시고 다만 악에서 구하옵소서(마 6 : 13).

대제사장이 일어서서 예수께 묻되 아무 대답도 없느냐 이 사람들의 너를 치는 증거가 어떠하뇨 하되 예수께서 잠잠하시거늘 대제사장이 가로되 내가 너로 살아 계신 하나님께 맹세하게 하노니 네가 하나님의 아들 그리스도인지 우리에게 말하라 예수께서 가라사대 네가 말하였느니라 그러나 내가 너희에게 이르노니 이 후에 인자가 권능의 우편에 앉은 것과 하늘 구름을 타고 오는 것을 너희가 보리라(마 26 : 62 - 64).

권위 위에 세워진 하나님의 보좌

하나님의 활동은 하나님의 보좌에서 나오며 하나님의 보좌는 하나님의 권위[1] 위에 세워진다. 만물이 하나님의 권위를 통해서 창조되며, 우주의 모든 물리 법칙이 하나님의 권위로 유지된다. 성경은 이 사실을 "그의 능력의 말씀으로 만물을 붙드시며"(히 1 : 3)라고 표현하고 있다. 이것은 하나님의 권위의 능력의 말씀으로 만물을 붙드신다는 뜻이다.

하나님의 권위는 하나님 자신을 대표하거니와 하나님의 능력은 단지 하나님의 활동을 대표한다. 권위에 대항한 범죄는 능력에 대항한 범죄보다 용서받기가 한층 더 어렵다. 전자는 하나님 자신에 대항한 범죄이기 때문이다. 하나님만이 만물의 권위이시다. 세상의 모든 권세는 하나님에 의해 제정된 것이다. 권세란 아주 무섭고 거대한 것으로, 그것을 무색하게 할 것은 아무것도 없다. 그러므로 하나님을 섬기고자 하는 우리는 필히 하나님의 권위를 알아야 한다.

---

[1] 본서 전체를 통해서 권위나 권세를 상황에 따라 혼용하기로 했음을 밝혀 둔다-역자 주.

사탄의 기원

천사장이 하나님의 권위에 도전해서 하나님과 겨루었을 때 사탄이 되어 버렸으며, 마침내 하나님의 대적자가 되고 말았다. 거역은 사탄이 타락한 원인이다.

이사야 14:12-15과 에스겔 28:13-17은 둘 다 사탄의 타락을 언급하고 있다. 처음 구절은 사탄이 하나님의 권위를 거역한 것을 중점적으로 말하고 있으며, 다음 구절은 사탄이 하나님의 거룩성에 어긋나는 죄를 범한 것을 강조하고 있다. 하나님의 권위에 대한 범죄는 하나님의 거룩에 대한 범죄보다도 더 심각한 반역죄이다. 구체적인 범죄는 행동의 문제인 만큼 반역죄보다 용서받기 쉽다. 사실 거역은 원리적인 문제인 만큼 더 심각하다.

하나님의 보좌 위에 자신의 보좌를 펴겠다는 사탄의 의도는 하나님의 권위를 침해하려는 것이었고, 결국 자기를 높이려는 것이었다. 범죄 행위는 사탄의 타락 원인이 아니다. 그 행위는 사탄이 하나님의 권위를 거역한 결과에 불과하다. 하나님이 정죄하신 대상은 그러한 거역이었다.

하나님을 섬김에 있어서 우리는 권세들을 거역해서는 안 된다. 그렇게 하는 것은 사탄의 원리이기 때문이다. 어떻게 우리가 사탄의 원리에 따라서 그리스도를 전파할 수 있겠는가? 그러나 교리적으로는 그리스도 편에 서 있으면서 동시에 원리적으로는 사탄의 편에 서는 것이 가능하다. 그러면서도 우리가 주님의 일을 행하고 있노라고 생각하는 것은 얼마나 사악한 일인가? 사탄은 우리가 그리스도의 말씀을 전파하는 것은 별로 두려워하지 않지만, 우리가 그리스도의 권위에 순복하는 것을 무척 두려워한다는 사실을 제발 유념해 두기 바란다.

하나님을 섬긴다는 우리가 사탄의 원리에 따라서 섬긴다는 것은 도무지 안 될 말이다. 그리스도를 따르는 원리가 작용할 때마다, 사탄의 원리는 사라지게 마련이다. 사탄은 지금도 여전히 강탈자이다. 하지만 그는 계시록의 마지막에 가서야 끝장을 볼 것이다. 참으로 우리가 하나님을 진정으로 섬기고자 한다면, 그러한 사탄의 원리에서 완전히 벗어나야 한다.

우리 주님이 교회에 가르쳐 주신 기도문 중에, "우리를 시험에 들게 하지 마옵시고"라는 말은 사탄의 역사를 가리키며, "다만 악에서 구하옵소서"라는 말은 직접적으로 사탄 자신을 가리킨다. 이런 말을 한 다음에 곧바로 주님은 다음과 같은 매우 의미심장한 선언을 하셨다. "나라와 권세와 영광이 아버지께 영원히 있사옵나이다 아멘"(마 6 : 13).

모든 나라와 권세와 영광이 하나님께, 오직 하나님께만 속한다. 우리를 사탄으로부터 완전히 해방시켜 주는 것은, 나라가 하나님의 것이라는 이 귀한 진리를 아는 것이다. 온 우주가 하나님의 통치하에 있으므로, 우리 자신을 마땅히 하나님의 권위에 복종시켜야 한다. 아무도 하나님의 영광을 도적질하지 못하게 하자.

사탄은 주님에게 땅의 모든 나라들을 보여 주었으나, 주님은 하늘나라가 하나님의 것이라고 대답하셨다. 우리는 권위를 갖고 계신 분이 누구인지를 알아야 한다. 우리는 사람들을 하나님의 권위로 인도하기 위해 복음을 전하지만, 만일 우리 스스로가 권위에 접한 경험이 없다면 어떻게 이 세상에 하나님의 권위를 세울 수 있겠는가? 어떻게 우리가 능히 사탄을 다룰 수 있겠는가?

권위, 우주적 논쟁의 문제

우주의 논쟁은 누가 권위를 가지고 있느냐에 집중되어 있다. 우리가 사탄과 싸우고 있는 것도 권위를 하나님께 돌리기 때문이다. 하나님의 권위를 유지하기 위해서 우리는 전심으로 그 권위에 순복해야만 한다. 우리가 하나님의 권위를 접하고, 그 권위가 무엇인지에 대한 근본적인 지식을 소유하는 일은 반드시 필요한 일이다.

바울이 권위를 알기 전에는 교회를 없애려고 무진 애를 썼다. 그러나 다메섹 도상에서 주님을 만난 이후로는 발(인간의 능력)로 가시채(하나님의 권위)를 차기가 얼마나 어려운지를 알게 되었다. 그는 즉석에서 땅에 엎드려 예수님을 주로 시인했다. 이런 사건이 있은 후, 바울은 다메섹 도성에서 아나니아의 지시에 따를 수 있었다. 그것은 바울이 하나님의 권위를 접했기 때문이었다. 그는 구원받는 순간 하나님의 구원은 물론 하나님의 권위까지 알게 되었다.

만일 바울이 하나님의 권위를 접한 체험이 없었더라면, 지혜롭고 유능한 그가 어떻게 아나니아—성경에 한 번밖에 언급되지 않은 보잘것없고 알려지지 않은 형제—의 말을 경청할 수 있었겠는가? 만일 바울이 다메섹 도상에서 권위를 접하지 않았더라면, 그 도성의 미천한 형제에게 결단코 순종하지 않았을 것이다. 이 사실로 우리가 알 수 있는 것은, 누구든지 권위를 접한 사람이라면 순수하게 권위를 대하지 사람을 대하지 않는다는 점이다.

우리도 사람을 보지 말고 그 사람에게 부여된 권위만 보자. 우리는 사람에게는 순종하지 않지만, 그 사람 안에 있는 하나님의 권위에 순종한다. 그렇지 않으면, 권위가 무엇인지 어떻게 알 수 있겠는가? 만일 우리가 권위에 순종하기 전에 먼저 사람을 만난다면, 우리는 잘못된 길에 들어선 것이다. 그와 정반대가 옳은 길이다. 그러면 우리는 그 사람이 누구인지는 신경 쓰지 않을 것이다.

하나님은 교회를 통해서 세상에 자신의 권위를 나타내려고 계획하셨다. 하나님의 권위는 그리스도의 몸을 이루고 있는 여러 지체들의 조화 속에서 보여질 수 있다.

하나님은 자신의 권위를 유지하기 위해 최대한의 능력을 발휘하신다. 그러므로 하나님의 권위는 대항하기 가장 힘든 것이다. 자기 의를 내세우고 앞을 보지 못하는 사람들에게는 평생에 한 번 하나님의 권위를 접해야 할 필요가 있다. 그렇게 함으로써 자아가 부서져 순종하게 되고 또 하나님의 권위에 순종하는 것을 배우게 된다. 우리가 하나님이 인간에게 위임하신 권위에 순종할 수 있으려면, 먼저 하나님의 고유한 권위를 접해야 한다.

하나님의 뜻에 순종하는 일 — 성경의 최대 요구 사항

인간에 대한 하나님의 최대 요구 사항은 십자가를 지라는 것도 아니고 봉사하며 헌금을 내라는 것도 아니며 자신을 부인하라는 것도 아니다. 최대 요구 사항은 순종하라는 것이다. 하나님은 사울에게 아말렉을 공격하여 철저하게 파멸시킬 것을 명하셨다(삼상 15장).

그러나 사울은 승리를 거둔 후에 아말렉 왕인 아각을 살려 두었으며, 가장 좋은 양과 소와 살진 짐승과 어린 양과 기타 좋은 것들을 멸하지 않고 남겨 두었다. 사울은 그것들을 멸하지 않고, 다만 변명하기를 하나님께 제물로 바치기 위해서 남겨 둔 것이라고 했다. 그러나 사무엘은 그에게 이르기를 "순종이 제사보다 낫고 듣는 것이 수양의 기름보다 낫다"(삼상 15:22)고 했다. 여기서 언급된 제사는 죄와는 아무런 상관이 없는 향기로운 제물이었다.

속죄 제물은 결단코 향기로운 제물이라고 부르지 않았다. 그 제물들은 하나님의 용납과 만족을 위해서 바쳐졌던 것이다. 그러면 왜 사무엘은 "순종이 제사보다 낫다"고 말했는가? 그것은 제사에도 자기 의지의 요소가 있을 수 있기 때문이다. 순종만이 하나님을 전적으로 영화롭게 하는 것이다. 순종만이 하나님의 뜻을 중심에 두기 때문이다.

권위가 드러나게 하려면 반드시 복종이 있어야 한다. 참으로 복종하기 위해서는 자아가 배제되어야 한다. 자아의 생명을 따라 살면 복종은 불가능하다. 이것은 오직 성령 안에서 살 때에만 가능하다. 복종은 하나님의 뜻을 가장 고상하게 드러내는 것이다.

겟세마네의 기도

어떤 사람들은 우리 주님이 땀을 핏방울처럼 흘리시며 겟세마네에서 기도하신 것이 그의 육체의 연약함과 쓴잔을 마시는 것에 대한 두려움 때문이었다고 생각한다. 그러나 그것은 얼토당토 않는 말이다.

겟세마네에서의 주님의 기도는 사무엘상 15:22과 같은 원리에 의한 것이다. 그것은 주님이 하나님의 권위에 대한 순종을 나타내신 가장 숭고한 기도이다. 주님은 십자가 위에서 자신을 희생하셨을 뿐만 아니라 먼저 하나님의 권위에 순종하셨다. 주님은 진정으로 하나님의 뜻을 알기 위해 기도하셨다.

그는 "나는 십자가에 달리기를 원합니다. 나는 쓴잔을 마셔야 합니다"라고 말씀하지 않았고, 다만 순종할 것을 주장하셨다. 그는 실제로 "만일 할 만하시거든 이 잔을 내게서 지나가게 하옵소서"라고 말씀했으나, 여기서도 자신의 뜻을 내세우지 않으셨다. 곧 이어 말씀하시기를 "그러나 나의 원대로 마옵시고 아버지의 원대로 하옵소서"(마 26:39)라고 했다.

하나님의 뜻은 절대적인 것이다. 그러나 잔(즉, 십자가의 처형)은 절대적인 것이 아니다. 주님이 십자가에 못박히지 않는 것이 하나님의 뜻이었다면, 주님은 십자가로 가실 필요가 없었을 것이다. 주님이 하나님의 뜻을 아시기 전에는 잔과 하나님의 뜻이 별개의 것이었으나, 하나님의 뜻을 아신 후에는 잔과 하나님의 뜻이 하나로 합해졌다.

뜻은 권위를 나타낸다. 그러므로 하나님의 뜻을 알고 순종하는 것은 권위에 순종하는 것이다. 그런데 만일 하나님의 뜻을 알려는 마음도 없고 기도하지도 않는다면 어떻게 권위에 순종할 수 있겠는가? "아버지께서 주신 잔을 내가 마시지 아니하겠느냐"(요 18 : 11)라고 주님은 말씀하셨다. 여기서 주님은 하나님의 권위의 우월성을 주장하는 것이지 십자가의 우월성을 주장하시는 것은 아니다. 잔을 마시는 것, 즉 속죄를 위해 십자가에 못박히는 것이 하나님의 뜻임을 이해하신 주님은 즉시 "일어나라 함께 가자"(마 26 : 46)라고 말씀하셨다.

주님은 십자가로 나아감으로써 하나님의 뜻을 성취하신 것이다. 결과적으로 주님의 죽음은 권위에 대한 순종을 나타내는 최고의 표현이었다. 십자가도 하나님의 뜻보다 더 높을 수는 없다. 주님은 자신의 십자가(자신의 희생)보다도 하나님의 권위(하나님의 뜻)를 더 내세우셨다.

우리는 자기 부인이나 제사를 택해서 하나님을 섬기기 위해 부르심을 받은 것이 아니라 하나님의 목적을 성취하기 위해서 부르심을 받았다. 근본 원리는 십자가를 선택하는 것이 아니라 하나님의 뜻에 순종하는 것이다. 만일 우리의 사역과 봉사의 원리 속에 거역이 포함되어 있다면, 사탄은 우리의 제사를 통해서도 영광을 받고 누릴 것이다. 사울은 양과 소를 제물로 바치려 했지만 하나님은 그것들을 제물로 받아들이지 않으셨으니, 이는 그 속에 사탄의 원리가 들어 있었기 때문이다. 하나님의 권위를 팽개치는 것은 곧 하나님 자신을 팽개치는 것이다.

그래서 성경은 말하기를 "거역하는 것은 사술의 죄와 같고 완고한 것은 사신 우상에게 절하는 죄와 같음이라"(삼상 15:23)고 했다.

하나님의 종들로서 우리가 가장 먼저 접해야 하는 것은 권위이다. 권위에 접한다는 것은 구원에 접하는 것만큼 실제적이나 그 교훈은 더 깊다. 우리는 하나님을 위해 일하기에 앞서 먼저 하나님의 권위에 굴복해야 한다. 하나님과 우리의 관계는 우리가 권위를 접했는지의 여부에 따라 조절된다. 일단 우리가 하나님의 권위를 접했다면 그 후엔 어디서나 그 권위를 만나며, 또 그렇게 하나님께 통제를 받으면 하나님께 쓰임받을 수 있다.

주님과 바울이 재판받을 때 취한 행동

마태복음 26장은 주 예수께서 체포되신 후에 당하신 이중적인 재판을 기록하고 있다. 즉 대제사장 앞에서는 종교적 재판을 받으셨고 빌라도 앞에서는 정치적 재판을 받으셨다. 주님은 빌라도에게 재판을 받으셨을 때 아무 대답도 하지 않으셨다. 그것은 주님이 세상의 관할권 아래 계시지 않았기 때문이다.

그러나 대제사장이 그로 하여금 살아 계신 하나님께 맹세하게 할 때에 주님은 대답하셨다. 이것은 권위에 대한 복종이다. 또 사도행전 23장을 보면, 바울이 재판받고 있었을 때 아나니아가 하나님의 대제사장임을 알자 곧 순종했다.

주님을 위해 수고하는 사람은 권위와 상면하는 데 이르지 않으면 안 된다. 그렇지 않으면 우리의 사역은 사탄의 반역적인 원리 아래 있을 것이며, 우리는 하나님의 뜻을 알 필요도 없이 무작정 일할 것이다. 우리는 권위에 순종하는 원리 아래 있지 않을 것이다. 그러나 우리가 하나님의 권위에 순종하여 일할 때에만 하나님의 뜻에 따라 역사할 수 있다. 오, 이것은 참으로 위대한 계시를 필요로 한다!

마태복음 7:21-23을 보면, 주님이 주님의 이름으로 선지자 노릇하고 귀신도 쫓아내며 많은 권능을 행한 사람들을 책망하시는 것을 발견한다. 왜 그들은 인정을 받지 못하였는가? 그 이유는 그들이 자기를 출발점으로 삼았기 때문이다. 즉 그들 자신이 주님의 이름으로 많은 일을 행하였던 것이다. 이것은 육신의 활동이다. 따라서 주님은 그들을 수고한 자들이라고 부르시지 않고 불법을 행한 자들이라고 부르셨다.

하나님의 뜻을 행하는 자만이 천국에 들어갈 것이라고 주님은 강조하신다. 하나님의 뜻에 순종하여 행하는 일은 하나님으로부터 시작된다. 우리는 스스로 할 일을 찾는 것이 아니라, 하나님에 의해 어떤 일을 하도록 파송받아야 한다. 일단 이 사실을 이해하고 나면, 우리는 참으로 천국의 권위의 실재를 체험하게 될 것이다.

권위는 위대한 계시를 필요로 한다

이 우주에는 두 가지 중요한 문제가 있다. 그것은 하나님의 구원을 믿는 것과 그의 권위에 순종하는 일이다. 믿고 순종하라. 성경은 죄를 불법이라고 규정한다(요일 3:4). 로마서 2:12에서 율법 "없이"라는 말은 율법에 "거역해서"라는 말과 같다. 불법은 하나님의 권위에 불복하는 것이다. 이것이 죄다. 구체적인 죄를 범하는 것은 행위의 문제이지만, 불법은 마음 자세의 문제이다.

현 세대의 특징을 이루는 것이 불법이다. 세상은 불법의 죄로 가득 차 있고, 곧 불법의 아들이 나타날 것이다. 세상에서 권세가 점점 훼손되고 있어, 마침내 종말에 이르러서는 모든 권세가 전복되고 불법이

다스릴 것이다.

　이 우주에는 두 가지 원리가 있음을 알자. 그것은 하나님의 권위의 원리와 사탄의 거역의 원리이다. 우리는 반역적인 정신을 가지고 있음으로써, 하나님을 섬기는 동시에 반역의 길로 나아갈 수 없다. 반역적인 사람이 하나님의 말씀을 전파하면 사탄은 웃는다. 왜냐하면 그 사람 속에 거하는 것은 사탄의 원리이기 때문이다.

　봉사의 원리는 권위여야 한다. 우리는 하나님의 권위에 복종할 것인가, 복종하지 않을 것인가? 하나님을 섬기는 사람이라면 이 권위를 근본적으로 이해해야 한다. 감전을 경험해 본 사람은 그 후부터 전기를 조심해야 한다는 것을 알게 된다. 마찬가지로, 일단 하나님의 권위에 사로잡혀 본 적이 있는 사람은 이후부터 눈을 크게 뜨고 자기 자신은 물론 타인에게까지도 무엇이 불법인가를 식별하려 할 것이다.

　하나님께서 우리에게 은혜를 베푸셔서 반역의 길에서 떠나게 해주시기를 바란다. 오직 우리가 하나님의 권위를 알고 순종을 배운 후에야 비로소 하나님의 자녀들을 바른 길로 인도할 수 있다.

2
구약에 나타난 거역의 실례(1)

1. 아담과 하와의 타락

여호와 하나님이 그 사람에게 명하여 가라사대 동산 각종 나무의 실과는 네가 임의로 먹되 선악을 알게 하는 나무의 실과는 먹지 말라 네가 먹는 날에는 정녕 죽으리라(창 2 : 16, 17).

여호와 하나님의 지으신 들짐승 중에 뱀이 가장 간교하더라 뱀이 여자에게 물어 가로되 하나님이 참으로 너희더러 동산 모든 나무의 실과를 먹지 말라 하시더냐 여자가 뱀에게 말하되 동산 나무의 실과를 우리가 먹을 수 있으나 동산 중앙에 있는 나무의 실과는 하나님의 말씀에 너희는 먹지도 말고 만지지도 말라 너희가 죽을까 하노라 하셨느니라 뱀이 여자에게 이르되 너희가 결코 죽지 아니하리라 너희가 그것을 먹는 날에는 너희 눈이 밝아 하나님과 같이 되어 선악을 알 줄을 하나님이 아심이니라 여자가 그 나무를 본즉 먹음직도 하고 보암직도 하고 지혜롭게 할 만큼 탐스럽기도 한 나무인지라 여자가 그 실과를 따먹고 자기와 함께한 남편에게도 주매 그도 먹은지라(창 3 : 1 - 6).

한 사람의 순종치 아니함으로 많은 사람이 죄인 된 것같이(롬 5 : 19).

인간의 타락은 불순종에 기인한다

창세기 2, 3장에 기록되어 있는 아담과 하와의 이야기를 자세히 살펴보자. 하나님은 아담을 창조하신 후에 그에게 몇 가지 책임을 부여하셨다. 그 중에 하나는 선악을 알게 하는 나무의 실과를 먹지 말라는 명령이었다. 이 책임의 요점은 단순히 어떤 실과를 먹지 말라는 금지 이상이다. 즉 그것은 하나님께서 아담으로 하여금 순종을 배우도록 하시기 위해 그를 권위 아래 두신 것이다.

한편으로 하나님께서는 아담이 모든 것을 통치할 수 있도록 지상의 모든 피조물을 아담의 권위 아래 두셨는가 하면, 다른 한편으로는 아담을 하나님의 권위 아래 두셔서 그 권위에 순종하도록 하셨다. 권위 아래 있는 사람만 권위를 가질 수 있다.

하나님의 창조 순서에 따르면, 하나님은 하와를 만드시기 전에 아담을 만드셨다. 하나님은 아담을 권위 안에 두시고, 하와를 아담의 권위 아래 두셨다. 하나님은 여기서 한 사람은 권위자로 세우시고, 다른 한 사람은 그에 순종하게 하셨다.

먼저 피조된 자와 나중 피조된 자, 둘 다에게 있어서 순서는 권위의 기초가 된다. 즉 누구든지 먼저 피조된 자가 권위자가 된다. 먼저 구원 받은 자가 권위자가 된다. 그러므로 우리가 어디를 가든지 제일 먼저 생각해야 할 것은, 하나님께서 우리가 누구에게 순종하기를 원하시는가를 알아내는 것이다. 우리는 어디서나 권위를 발견하고, 언제든지 권위에 복종하는 것을 배울 수 있다.

인간의 타락은 하나님의 권위에 대한 불순종에 기인한다. 하와는 아담에게 순종하지 않고 다만 실과가 보기에 탐스럽고 좋으므로 스스로 결정을 내리고 말았다. 그녀는 자기의 머리를 높이 쳐들었다. 그녀가 실과를 따먹은 것은 순종에서 나온 것이 아니라 자신의 의지에서 나온 것이었다.

그는 하나님의 명령을 어겼을 뿐만 아니라 아담에게도 불순종했다.

하나님을 대표하는 권위를 거역하는 것은 하나님 자신을 거역하는 것과 같다. 아담은 하와의 말을 듣고 금단의 실과를 먹음으로써 하나님의 직접적인 명령을 거스르는 죄를 범했다. 그러므로 아담도 하나님의 권위에 불순종하였다. 이것 또한 반역이다.

만사가 순종하는 가운데 이루어져야 한다

하와는 하나님의 권위 아래 놓여 있었을 뿐 아니라, 하나님의 명령으로 또한 아담의 권위 아래 놓여 있었다. 그리고 보면 하와는 이중 권위에 복종해야 했다. 오늘날 우리의 입장도 이와 다를 바가 없다. 하와는 실과가 먹음직하다고 해서 자기가 누구에게 순종해야 하는지 물어 보지도 않고 경솔하게 실과를 먹어 버렸다.

처음부터 하나님께서는 인간에게 제멋대로 하지 말고 복종할 것을 명하셨다. 그러나 하와의 행동은 순종에 의해 결정되지 않았고 자신의 의지로 시작되었다. 그녀는 하나님의 명령을 따르지도 않았고 하나님의 권위에 순종하지도 않았다. 오히려 그녀는 스스로 결단을 내렸다. 그녀는 하나님을 거역했고, 타락했다. 순종이 결여된 행동은 곧 타락이며, 불순종의 행위는 거역이다.

순종이 증가하면 인간의 활동은 감소된다. 우리가 처음 주님을 따르기 시작할 때는 활동은 많이 하나 순종이 매우 부족하다. 그러나 영적으로 성장할수록 점차 우리의 행위는 줄어들어 마침내 순종으로 가득하게 된다.

그러나 많은 사람들이 자기가 좋은 것은 하고 싫은 것은 하지 않는다. 그들은 자신이 순종에 근거해서 행동하고 있는지 깊이 생각해 보지 않는다. 그런즉 많은 일들이 하나님께 순종함으로 행해지는 것이 아니라 자아에 의해 행해지고 있다.

옳고 그름은 하나님의 손안에 있다

인간의 행동이 선악에 대한 지식에 좌우되어서는 안 된다. 인간의 행동은 순종 의식에 의해 유발되어야 한다. 선악의 원리는 옳고 그름의 기준에 따라 사는 것을 말한다. 아담과 하와가 금단의 실과를 먹기 전에는 그들의 옳고 그름이 하나님의 손안에 있었다. 그들이 하나님 존전에서 살지 않았다면 아무것도 몰랐을 것이다. 왜냐하면 그들의 옳고 그름은 실제로 하나님 안에 있었기 때문이다.

아담과 하와는 선악을 알게 하는 나무의 실과를 따먹음으로써 하나님 외에 다른 데서 옳고 그름의 근거를 발견하였다. 결과적으로 타락한 후에 사람들은 하나님 안에서 옳고 그름에 대한 의식을 찾을 필요가 없게 되었다. 그들은 자신 안에 그러한 의식을 가지고 있다. 이것이 타락의 결과다. 구속 사역은 하나님 안에서 우리의 옳고 그름을 가릴 수 있는 곳으로 우리를 다시 인도하는 일이다.

그리스도인들은 권위에 순종해야 한다

하나님에게서 나오지 않은 권세는 없다. 모든 권세는 하나님이 세우신 것이다. 모든 권세들의 근원을 거슬러 올라가 보면 다양하게 하나님과 만나게 된다. 하나님은 모든 권세 위에 군림하시고, 모든 권세는 하나님 아래 놓여 있다. 하나님의 권위를 접함으로 우리는 곧 하나님 자신을 접한다.

하나님의 일은 근본적으로 능력에 의해서가 아니라 권위에 의해서 이루어진다. 하나님은 그의 권위에서 나오는 능력의 말씀으로 만물을 창조하셨듯이 그 동일한 말씀으로 만물을 붙드신다. 하나님의 명령은 권위가 있다. 하나님의 권위가 어떻게 역사하는지는 우리가 말할 수 없지만, 하나님께서 그 권위로 모든 일을 이루신다는 것은 알고 있다.

한 백부장의 사랑하는 종이 병이 들었다. 백부장은 자기가 권위 아래 있는 동시에 다른 사람에게 권위를 행사하기도 한다는 것을 알고 있었다. 그래서 그는 주님에게 다만 말씀만 해 달라고 간청했다. 그는 그렇게 해서 신유의 역사가 일어나리라고 믿었다. 왜냐하면 모든 권세가 주님의 손에 있지 않은가?

그는 주님의 권세를 믿었다. 우리 주님께서 그의 큰 믿음을 칭찬하신 것은 놀라운 일이 아니다. "네가 진실로 너희에게 이르노니 이스라엘 중 아무에게서도 이만한 믿음을 만나 보지 못하였노라"(마 8 : 10).

하나님의 권위를 접하는 것은 하나님을 만나는 것과 같다. 오늘날 우주는 하나님이 세우신 권세들로 가득하다. 모든 것이 다 하나님의 권세 아래 놓여 있다. 사람이 하나님의 권위에 대항하는 죄를 범할 때마다 그는 곧 하나님 자신에게 대항하는 죄를 범하는 것이다. 그러므로 모든 그리스도인들은 권위에 순종하는 것을 배워야 한다.

사역자가 배워야 할 첫째 교훈은 권위에 순종하는 것이다

우리는 어떤 사람들을 우리의 권위 아래 둘 뿐 아니라 우리도 다른 사람들의 권위 아래 있다. 이것이 우리의 입장이다. 지상에 계실 때 주 예수님도 하나님께 순종하셨을 뿐만 아니라 다른 권위에도 순종하셨다. 권위는 어디에나 있다. 학교에도 권위가 있고 가정에도 권위가 있다. 거리의 경찰관들은 당신보다 학식이 많지 않을지도 모르나 하나님께서 당신의 권위자로 세우신 자들이다.

그리스도 안에서 몇몇 형제들이 함께 모일 때마다 곧 영적인 서열이 생기게 된다. 기독교 사역자는 자기 위에 있는 자가 누구인가를 알아야 한다. 혹자들은 자기 위에 있는 권위자들이 누구인지 몰라서 순종하지 않는다. 우리는 옳고 그름 또는 선악의 문제에 몰두해서는 안 되고, 그보다는 우리 위에 누가 권위자로 있느냐를 알아야 한다. 일단 우리가 누구에게 순종해야 하는가를 알게 되면, 자연히 그리스도의 몸 된 교회 안에서의 우리의 위치를 알게 된다.

아, 오늘날 얼마나 많은 그리스도인들이 순종에 대해서 전혀 모르고 있는가! 혼란과 무질서로 가득한 것은 이상한 일이 아니다. 그러므로 권위에 대한 순종은 사역자가 배워야 할 첫째 교훈이다. 그것은 또한 사역 자체에서 큰 비중을 차지하고 있다.

순종을 회복해야 한다

아담의 타락 이후로 무질서가 전세계에 만연해졌다. 모든 사람들은 자기가 능히 악과 선을 구별하며 옳고 그름을 판단할 수 있노라고 생각한다. 그들은 하나님보다도 더 잘 안다고 생각한다. 이것은 타락으로 인한 어리석음이다. 이것은 하나님에 대한 거역에 불과하므로 우리는 그러한 기만에서 탈피해야 한다.

순종에 대한 우리의 지식은 가공할 만큼 불충분하다. 혹자는 세례 받을 때 주님께 순종한 것으로 자신의 순종이 완전하고 충분하다고 생각하는 것 같다. 많은 학생들은 그들의 교사에게 순종하라는 하나님의 명령을 비위에 거슬리는 처사로 여긴다. 많은 아내들은 까다로운 남편에게 순종하라는 하나님의 명령을 아주 잔인한 것으로 생각하기도 한다. 오늘날 거역하는 자세로 살고 있는 그리스도인이 부지기수다. 그들은 순종에 있어서 첫째 교훈도 배우지 못한 것이다.

성경에서 가르치는 순종은 하나님이 세우신 권세들에게 복종하는 것과 관계가 있다. 순종에 대한 낡은 관념은 얼마나 피상적인지 모르겠다. 순종은 기본적인 원리이다. 만일 이 권위 문제가 해결되지 않은 채로 남아 있으면 아무것도 해결될 수 없다. 믿음이 생명을 얻는 원리라면, 순종은 그 생명을 유지하는 원리이다.

오늘날 교회 안에서 일어나는 분열과 다툼은 거역에서 비롯되는 것이다. 권위를 회복하기 위해서는 순종을 먼저 회복해야 한다. 많은 사람들이 순종은 전혀 모르고 머리가 되려는 습성만 계속 길러 왔다. 그런즉 우리는 하나의 교훈을 배워야 한다. 순종이 우리의 첫 반응이 되게 하자.

하나님께서는 권위에 대해서 우리에게 알리지 않으신 것이 없다. 하나님은 이미 우리에게 직접적인 권위와 간접적인 권위에 순종하는 법을 보여 주셨다. 많은 사람들이 하나님께 순종하는 방법을 알고 있다고 고백하나, 위임된 권위에 순종하는 것에 대해서는 실제로 아무것도 알지 못한다.

모든 권세들이 하나님으로부터 오는 이상 우리는 그 모든 권세들에게 순종하는 법을 배우지 않으면 안 된다. 오늘날 우리가 직면하는 문제들은 하나님의 권위 밖에 살고 있는 사람들 때문에 일어나는 것이다.

머리의 권위 없이는 몸의 연합이 있을 수 없다

하나님께서는 몸의 하나됨을 회복하기 위해 역사하고 계신다. 그러나 이것이 성취되기 위해서는 먼저 머리의 생명이 있어야 하고, 그 다음에는 머리의 권위가 뒤따라야 한다. 머리의 생명이 없이는 몸이 있을 수 없다. 그리고 머리의 권위가 없이는 몸의 연합이 있을 수 없게 된다. 몸의 하나됨을 유지하기 위해서 우리는 머리의 생명이 지배하도록 해야 한다.

하나님은 우리가 하나님 자신에게는 물론 하나님이 위임하신 권세들에게도 순종하기를 원하신다. 몸의 모든 지체들은 피차 종노릇해야 한다. 그렇게 될 때 몸은 하나가 되고 머리와도 하나가 된다. 머리되시는 주님의 권위가 우세할 때 하나님의 뜻은 성취되고, 그때 교회는 하나님의 왕국이 된다.

순종에 관한 교훈들

조만간 하나님을 섬기는 사람들은 세계에서, 사회에서, 가정에서, 교회에서 권위를 접하게 된다. 하나님의 권위를 결코 접해 본 적이 없는 사람이라면, 어떻게 하나님을 섬기고 하나님께 순종할 수 있겠는가? 이것은 교훈이나 교리의 문제 그 이상이다. 교훈은 추상적일 수 있기 때문이다.

혹자들은 권위에 순종하는 법을 알기가 매우 어렵다고 생각하지만, 우리가 일단 하나님을 만나기만 하면 어려움은 사라지게 된다. 하나님이 자비를 베푸시지 않으면 하나님의 권위에 순종할 수 있는 자는 아무도 없다. 그러므로 몇 가지 교훈을 배우기로 하자.

1. 순종의 정신을 가져라.
2. 순종을 연습하라. 어떤 사람들은 도무지 순종할 수 없는 야만인 같기도 하다. 그러나 훈련된 사람들은 자기들이 어디에 처하든지 속박

감을 느끼지 않는다. 그들은 자연스럽게 순종하는 삶을 살 수 있다.

3. 하나님이 위임하신 권위를 행사하는 법을 배우라. 하나님을 위해 일하는 사람은 권위에 순종하는 법을 배울 뿐 아니라, 교회와 가정에서 하나님이 위임하신 권위를 누리는 법도 배울 필요가 있다. 일단 당신이 하나님의 권위 아래 있는 것을 배웠다면, 하나님이 당신에게 아무리 많은 일을 맡기시더라도 당신은 자신을 하찮은 존재로 여길 것이다.

어떤 사람들은 순종만 배운다. 그리하여 그들이 어떤 곳에서 사역하도록 파송을 받으면 어떻게 자신의 권위를 행사해야 하는지를 모른다. 그런즉 우리는 권위 아래 있는 것과 권위를 행사하는 것을 다 알고 있어야 한다. 교회는 권위에 순종할 줄 모르는 많은 사람들로 인해 어려움을 당하는가 하면, 또한 권위를 행사할 줄 모르는 자들로 인해서도 해를 입고 있다.

3

구약에 나타난 거역의 실례(2)

2. 함의 거역

노아가 농업을 시작하여 포도나무를 심었더니 포도주를 마시고 취하여 그 장막 안에서 벌거벗은지라 가나안의 아비 함이 그 아비의 하체를 보고 밖으로 나가서 두 형제에게 고하매 셈과 야벳이 옷을 취하여 자기들의 어깨에 메고 뒷걸음쳐 들어가서 아비의 하체에 덮었으며 그들이 얼굴을 돌이키고 그 아비의 하체를 보지 아니하였더라 노아가 술이 깨어 그 작은 아들이 자기에게 행한 일을 알고 이에 가로되 가나안은 저주를 받아 그 형제의 종들의 종이 되기를 원하노라 또 가로되 셈의 하나님 여호와를 찬송하리로다 가나안은 셈의 종이 되고 하나님이 야벳을 창대케 하사 셈의 장막에 거하게 하시고 가나안은 그의 종이 되게 하시기를 원하노라 하였더라(창 9:20-27).

위임 권위자의 실수로 순종을 시험함

에덴 동산에서 아담은 타락했다. 포도원에서 노아 또한 실패했다. 그러나 노아는 의로운 사람이기에 하나님은 그의 가족을 구원해 주셨다. 하나님의 계획 속에서 노아는 가족의 머리였다. 하나님은 온 가족을 노아의 권위 아래 두셨다. 또한 노아를 당시 세계의 머리로 삼으셨다.

그러나 어느 날 노아는 포도원에서 술에 취하여 장막 안에서 벌거 벗었다. 그의 작은아들 함이 아버지의 벗은 것을 보고 밖에 있는 두 형제에게 말했다. 노아의 행동에 관해 말하자면, 전적으로 노아가 잘못 했다. 노아는 술 취하지 말았어야 했다. 그러나 함은 권위자의 위엄을 알지 못했다. 아버지는 하나님이 임명하신 가정의 권위자였건만, 함의 육신은 그 권위자의 결함을 보고 좋아하며 절제할 줄을 몰랐다.

함이 아버지의 과실을 보았을 때 그는 수치감이나 슬픔은 조금도 느끼지 않았으며, 아버지의 과실을 덮어 주려고 하지도 않았다. 이 사실은 그가 거역하는 마음을 품고 있었음을 드러내는 것이다. 그는 과실을 덮기는커녕 도리어 밖에 나가서 그의 형제들에게 아버지의 추한 모습을 알림으로써 아버지를 헐뜯는 죄까지 범했다.

그러나 셈과 야벳이 그러한 상황에서 어떻게 처신했는지를 자세히 관찰해 보라. 그들은 뒷걸음으로 장막에 들어가서-아버지의 벌거벗은 모습을 보지 않고-어깨에 메고 간 옷으로 아버지를 덮어 드렸다.

그리고 보면, 노아의 실수는 셈과 함과 야벳과 함의 아들 가나안에게 하나의 시험거리가 되었다. 노아의 실수는 누가 순종하고 누가 거역하는지를 보여 주었다. 노아의 타락으로 인하여 함의 거역이 드러난 것이다.

노아는 술에서 깨어난 후에 예언하기를, 함의 후손들은 저주를 받아 그 형제의 종들의 종이 될 것이라고 했다. 성경에서 종이 된 최초의 사람이 함이었다. 가나안이 종이 될 것이라는 선고는 세 번이나 언급되었다. 이것은 권위에 순종하지 않는 사람은 권위에 순종하는 사람의 노예가 된다는 것을 의미한다.

셈은 축복을 받았다. 우리 주 예수님도 셈 계통에서 나셨다. 야벳은 그리스도를 전하도록 예정되었다. 그리하여 오늘날 복음을 전파하는 나라들은 야벳의 후손에 속한다. 홍수 이후 최초로 저주를 받은 사람은 함이었다. 그는 권위도 모르고, 그저 대대로 권위 아래 놓여 있게 되었다. 주님을 섬기고자 하는 사람은 누구나 권위를 접해야 할 필요가 있다. 아무도 불법의 정신으로 하나님을 섬길 수는 없다.

3. 나답과 아비후가 다른 불을 드림

> 아론의 아들 나답과 아비후가 각기 향로를 가져다가 여호와의 명하시지 않은 다른 불을 담아 여호와 앞에 분향하였더니 불이 여호와 앞에서 나와 그들을 삼키매 그들이 여호와 앞에서 죽은지라(레 10:1-2).

나답과 아비후가 불타 죽은 이유

나답과 아비후의 이야기는 얼마나 진지한지 모른다. 그들은 개인적으로 의로웠기 때문이 아니라 하나님이 택한 가문에 속해 있었기 때문에 제사장으로 봉직했다. 하나님은 아론을 제사장으로 세우시고 그 머리 위에 기름을 부으셨다. 모든 제사 문제에서 아론이 주도자였으며, 그의 아들들은 다만 돕는 자들로서 아론의 말에 순종하며 제단 곁에서 도왔을 뿐이다.

하나님은 아론의 아들들로 하여금 독자적으로 섬기도록 할 생각이 전혀 없으셨다. 하나님은 그들을 아론의 권위 아래 두셨다. 레위기 8장에는 아론과 그의 아들들이 모두 12번이나 언급되었다. 그 다음 장에서는 아론이 제물을 바치고 그 아들들이 그의 곁에서 도왔다. 아론이 움직이지 않으면 그의 아들들도 움직여서는 안 되었다. 모든 일이 아론으로부터 시작되었지 그의 아들들로부터 시작되지 않았다.

그 아들들이 감히 스스로 제물을 바치려 한다면 다른 불을 바칠 것이다. 그러나 이것이 바로 아론의 아들들인 나답과 아비후가 행했던 일이다. 그들은 자기들 스스로 제사를 드릴 수 있다고 생각했기에, 아버지 아론의 명령 없이 제사를 드린 것이다. 다른 불이란 명령을 받지 않고 섬기는 것, 권위에 순종함이 없이 섬기는 것을 의미한다.

그들은 아버지가 제사드리는 것을 보았는데 별로 어렵지 않게 보였다. 그래서 자신들도 똑같은 일을 할 수 있다고 생각했다. 나답과 아비후는 단지 그들이 아버지와 동일한 일을 할 수 있느냐 없느냐만 생각했다. 그들은 진정으로 누가 하나님의 권위를 대표하고 있는지를 알지 못했던 것이다.

봉사는 하나님에 의해 시작된다

여기서 우리는 매우 중대한 문제에 당면하게 된다. 하나님을 섬기는 것과 다른 불을 드리는 것은 매우 유사하게 보이지만, 사실은 완전히 다른 것이다. 참된 봉사는 하나님에 의해 시작된다. 사람이 하나님의 권위 아래서 섬길 때는 하나님께서 그를 열납하신다. 다른 불은 사람에게서 나오는 것이다. 그것은 하나님의 뜻을 아는 것이나 하나님의 권위에 순종하는 것을 요구하지 않는다. 그것은 전적으로 인간 자신의 열심으로 행해지며 죽음으로 끝을 맺는다.

우리의 봉사와 사역이 점차 죽어가고 있다면, 이때야말로 하나님께서 빛을 비춰 주셔서 우리가 참된 봉사의 원리를 따라 섬기고 있는지 아니면 다른 불의 원리를 따르고 있는지를 알게 해 달라고 간구해야 할 것이다.

하나님의 일은 권위의 조화이다

　나답과 아비후는 아론을 떠나서 일했다. 그러므로 그들은 하나님과 관계없이 독립적으로 일한 것이다. 하나님의 일은 권위 아래서 조화를 이루어야 한다. 하나님은 나답과 아비후가 아론의 권위 아래서 봉사하기를 원하셨다.

　신약에서 바나바와 바울, 바울과 디모데, 베드로와 마가가 어떻게 함께 사역했는지를 유의해 보라. 어떤 이들은 책임을 졌고, 어떤 이들은 도왔다. 하나님의 사역에 있어서, 그분은 혹자는 권위자로 세우시고 혹자는 권위 아래 있게 하신다. 하나님은 우리를 부르사 멜기세덱의 반차를 따라 제사장이 되게 하셨다. 그러므로 우리는 권위의 서열에 따라 하나님을 섬겨야 한다.

　지나치게 머리를 쳐들고 독자적으로 행동하는 사람은 반역적인 사람으로 결국은 죽음에 처한다. 누구든지 먼저 권위에 접하지 않고 봉사하려고 하는 사람은 다른 불을 드리고 있는 것이다. "그가 할 수 있다면 나도 할 수 있다"고 말하는 사람은 거역하는 자세를 지닌 사람이다. 하나님께서는 불이 있다는 것만 주의해 보시지 않는다. 그분은 또한 그 불의 성질을 예리하게 간파하신다. 거역이 불의 성질을 바꾼다.

　여호와께서 명하시지 않은 것이나 아론이 명하지 않은 것은 다른 불이다. 하나님께서 중시하시는 것은 제사의 문제가 아니라 권위를 유지하는 문제이다. 따라서 사람들은 따르는 법을 배워야 하며, 항상 작은 임무를 수행하는 법을 배워야 한다.

　권위를 위임받은 자가 하나님을 따르듯이, 권위에 예속된 사람들도 반드시 하나님이 위임하신 권위를 따라야 한다. 고립된 개인의 봉사는 있을 자리가 없다. 영적인 일에서는 모든 사람이 연합해서 섬겨야 한다.

연합은 규칙이다. 개인은 단일체가 아니다.

나답과 아비후는 아론과의 연합에서 떨어져 나왔다. 그러므로 그들은 하나님과의 연합에서도 떨어져 나온 것이다. 그들은 아론을 떠나 독자적으로 섬기지 말았어야 했다. 권위를 파괴한 그들은 여호와 앞에서 나오는 불에 타 죽었다.

비록 아론은 이 문제의 심각성을 의식하지 못했지만, 모세는 하나님의 권위에 반항하는 것이 얼마나 심각한 것인지 알고 있었다. 오늘날 많은 사람들이 하나님을 독자적으로 섬기려고 노력하고 있다. 그들은 결코 권위 아래 있지 않았다. 그들은 자기도 모르게 하나님의 권위에 반항하는 죄를 범하는 것이다.

4. 아론과 미리암의 비방

모세가 구스 여자를 취하였더니 그 구스 여자를 취하였으므로 미리암과 아론이 모세를 비방하니라 그들이 이르되 여호와께서 모세와만 말씀하셨느냐 우리와도 말씀하지 아니하셨느냐 하매 여호와께서 이 말을 들으셨더라 이 사람 모세는 온유함이 지면의 모든 사람보다 승하더라 여호와께서 갑자기 모세와 아론과 미리암에게 이르시되 너희 삼 인은 회막으로 나아오라 하시니 그 삼 인이 나아가매 여호와께서 구름 기둥 가운데로서 강림하사 장막 문에 서시고 아론과 미리암을 부르시는지라 그 두 사람이 나아가매 이르시되 내 말을 들으라 너희 중에 선지자가 있으면 나 여호와가 이상으로 나를 그에게 알리기도 하고 꿈으로 그와 말하기도 하거니와 내 종 모세와는 그렇지 아니하니 그는 나의 온 집에 충성됨이라 그와는 내가 대면하여 명백히 말하고 은밀한 말로 아니하며 그는 또 여호와의 형상을 보겠거늘 너희가 어찌하여 내 종 모세 비방하기를 두려워 아니하느냐 여호와께서 그들을 향하여 진노하시고 떠나시매 구름이 장막 위에서 떠나갔고 미리암은 문둥병이 들려 눈과 같더라 아론이 미리암을 본즉 문둥병이 들었는지라 아론이 이에 모세에게 이르되 슬프다 내 주여 우리가 우매한 일을 하여 죄를 얻었으나 청컨대 그 허물을 우리에게 돌리지 마소서 그로 살이 반이나 썩고 죽어서 모태에서 나온 자같이 되게 마옵소서 모세가 여호와께 부르짖어 가로되 하나님이여 원컨대 그를 고쳐 주옵소서 여호와께서 모세에게 이르시되 그의 아비가 그의 얼굴에 침을 뱉았을지라도 그가 칠 일간 부끄러워하지 않겠느냐 그런즉 그를 진 밖에 칠 일을 가두고 그 후에 들어오게 할지니라 하시니 이에 미리암이 진 밖에 칠 일 동안 갇혔고 백성은 그를 다시 들어오게 하기까지 진행치 아니하다가 그 후에 백성이 하세롯에서 진행하여 바란 광야에 진을 치니라(민수기 12장).

위임 권위를 비방하는 것은 하나님의 진노를 산다

아론과 미리암은 모세에게는 형이며 누나였다. 그런즉 가정에서는 모세가 마땅히 그들의 권위에 순종해야 했다. 그러나 하나님의 부르심과 사역에서는 그들이 오히려 모세의 권위에 순종해야 했다. 이들은 모세와 결혼한 구스(에티오피아) 여인이 마음에 들지 않는다고 모세를 비방하며 이르기를 "여호와께서 모세와만 말씀하셨느냐? 우리와도 말씀하지 아니하셨느냐?"라고 했다.

에티오피아 사람은 아프리카 사람으로 함의 후손이다. 모세는 이 에티오피아 여인과 결혼하지 말았어야 했다. 누나로서 미리암은 가족 관계에 근거하여 자기 동생을 책망할 수 있었다. 그러나 미리암이 비방할 목적으로 입을 열었을 때, 그녀는 모세의 지위에 도전하며 하나님의 사역을 언급했다.

하나님은 사역에 있어서 자신의 위임 권위를 모세에게 위탁하셨다. 그러므로 아론과 미리암이 단지 가족이라는 이유로 모세의 지위를 공격한 것은 얼마나 큰 잘못이었는가! 이스라엘을 애굽에서 인도해 내기 위해 모세를 택하신 분이 바로 하나님이신데, 그럼에도 불구하고 미리암은 모세를 멸시했다.

이에 하나님은 미리암에게 매우 화가 나셨다. 미리암은 자기 동생을 다룰 수는 있으나 하나님의 권위를 비방할 수는 없었다. 문제는 아론이나 미리암이 하나님의 권위를 인식하지 못한 것이었다. 그들은 자연적인 근거에 입각에서 그만 반역적인 마음을 품었던 것이다.

그러나 모세는 대꾸하지 않았다. 하나님이 자기를 권위자로 세우셨다면 구태여 자기를 변호할 필요가 없다는 것을 알고 있었기 때문이다. 모세를 비방하는 사람은 누구나 죽음을 당했다. 하나님이 모세에게 권위를 주셨으므로, 그는 침묵을 지킬 수 있었다. 사자는 자기 안에 충분한 권위를 가지고 있으므로 보호가 필요 없다.

모세는 먼저 하나님의 권위에 순종했기 때문에 하나님을 대표할 수 있었다. 그는 온유함이 지면의 모든 사람보다 승한 자였다. 모세가 대표한 권위는 하나님 자신의 권위였다. 어느 누구도 하나님이 주신 권위를 빼앗아 갈 수 없다.

반항적인 말들은 하늘로 올라가서 하나님 귀에 들린다. 아론과 미리암이 모세에게 죄를 범했을 때 그들은 모세 안에 계신 하나님께 죄를 범한 것이다. 그들에 대한 하나님의 진노는 불타올랐다. 사람이 하나님께서 위임하신 권위에 도전할 때마다 사실 그는 그 사람 속에 있는 하나님께 도전하는 것이며, 권위를 위임받은 자에게 죄를 범하는 것은 곧 하나님께 죄를 범하는 것이다.

권위는 하나님의 선택이지 인간의 공적이 아니다

하나님은 세 사람을 회막으로 부르셨다. 아론과 미리암은 주저하지 않고 갔다. 그들은 하나님께서 틀림없이 자기들 편이라고 생각했고,

또 모세가 에티오피아 여인과 결혼함으로써 가정에 이 모든 문제들을 일으켰으므로 그들이 하나님께 할 말이 많다고 생각했기 때문이다.

그러나 하나님은 모세야말로 하나님의 온 집에 충성된 종이라고 선언하셨다. 어떻게 감히 그들이 하나님의 종을 비방할 수 있겠는가? 영적 권위는 노력에 의해서 얻어지는 것이 결코 아니다. 그것은 하나님께서 택한 자에게 주시는 것이다. 영적 권위와 육체적 권위는 얼마나 다른가!

하나님 자신이 곧 권위이시다. 죄를 범하지 않도록 주의하라. 누구든지 모세를 비방하면 하나님의 택하신 자를 비방하는 것이다. 그런즉 우리는 하나님의 택하신 그릇을 결단코 멸시하지 말아야 한다.

거역은 문둥병으로 나타난다

여호와께서 그들을 향하여 진노하셨고 구름이 장막 위에서 떠나갔다. 하나님이 떠나시자 즉시 미리암은 문둥병에 걸려 눈과 같이 되었다. 미리암의 문둥병은 병균에 의해서 온 것이 아니었다. 그것은 명백히 하나님의 징벌이었다. 문둥병에 걸리는 것이 에티오피아 여인이 되는 것보다 결코 더 좋을 턱이 없었다. 미리암의 내적인 거역은 외적인 문둥병으로 나타났다. 문둥병에 걸린 미리암은 격리되어서 타인과의 모든 접촉을 끊어야 했다.

아론은 미리암이 문둥병에 걸린 것을 알고 모세에게 중재자 역할을 해서 치유를 위해 기도해 달라고 간청했다. 하나님께서는 "그의 아비가 그의 얼굴에 침을 뱉았을지라도 그가 칠 일간 부끄러워하지 않겠느냐 그런즉 그를 진 밖에 칠 일을 가두고 그 후에 들어오게 할지니라"고 말씀하셨다. 그 결과 장막 여행은 칠 일간 지체되었다.

우리 가운데 거역과 비방이 있으면 언제나 하나님의 임재를 상실하게 되고, 지상의 장막은 움직일 수 없게 된다. 하나님의 구름 기둥은 그 비방의 말들이 처리되기 전까지는 내려오지 않을 것이다. 만일 이 권위 문제가 해결되지 않으면, 다른 모든 문제들도 공허하고 쓸모 없는 것이 된다.

하나님의 직접적인 권위 외에, 위임 권위에도 순종하라

많은 사람들이 실제로 하나님의 위임 권위에 순종하는 것이 무엇인지 전혀 모르면서도 자신이 하나님께 순종하고 있다고 생각한다. 참으로 순종하는 사람은 어떤 환경에서나, 가정이나, 여러 기관들 속에서도 하나님의 권위를 발견할 수 있을 것이다.

하나님께서는 "너희가 어찌하여 내 종 비방하기를 두려워 아니하느냐"고 물으셨다. 비방하는 말들이 튀어나올 때마다 각별히 주의해야 한다. 그런 말들을 공연히 지껄여서는 안 된다. 비방은 그 마음속에 반항 정신이 있음을 증명하는 것이다. 바로 그것이 거역의 싹이다. 우리는 하나님을 두려워하고 함부로 말해서는 안 된다.

그러나 오늘날 교회를 보면 장로들이나 그밖에 자기보다 높은 위치에 있는 사람들을 비방하는 자들이 많이 있다. 그들은 자기들이 그렇게 말하는 것이 얼마나 위험한지를 알지 못한다. 하나님의 은혜 안에서 교회가 부흥될 때, 비방했던 자들은 문둥병에 걸리는 것과 같은 대우를 받게 될 수도 있을 것이다.

하나님이 우리에게 자비를 베푸셔서, 이것이 우리 형제의 문제가 아니라 하나님이 임명하신 권위의 문제라는 것을 이해할 수 있기를 바란다. 우리는 권위를 접한 후에야 하나님께 얼마나 많은 죄를 범해 왔는지를 깨닫게 될 것이다. 죄에 대한 우리의 관념이 철저하게 변화될 것이다. 우리는 하나님의 안목으로 죄를 보게 될 것이다. 그리하여 하나님이 정죄하시는 죄는 인간의 거역이라는 사실을 알게 될 것이다.

5. 고라, 다단, 아비람의 거역

집단 거역

집단 거역의 예는 민수기 16장에 기록되어 있다. 고라와 그의 동료들은 모두 레위 지파에 속해 있었으므로 신령한 사람들을 대표했다. 한편 다단과 아비람은 르우벤의 자손이었으므로 지도적인 인물들을 대표했다. 이들이 250명의 회중 지도자들과 함께 모세와 아론을 거스르기 위해 모였다.

그들은 모세와 아론을 제멋대로 비난하며 이렇게 말했다. "너희가 분수에 지나도다 회중이 다 각각 거룩하고 여호와께서도 그들 중에 계시거늘 너희가 어찌하여 여호와의 총회 위에 스스로 높이느뇨"(3절). 그들은 모세와 아론을 경멸했다. 그들은 정말 솔직하게 말했을 것이다.

하지만 그들은 여호와의 권위를 보지 못했다. 그들은 마치 하나님의 백성들 가운데 권위가 없는 것처럼, 이 문제를 단지 개인적인 문제로 여겼다. 그들은 비난을 가하면서 모세와 하나님과의 관계를 언급하지 않았고, 또한 하나님의 명령에 대해서도 언급하지 않았다.

그러나 이런 심한 비난을 받으면서도 모세는 화를 내지 않았다. 그는 다만 여호와 하나님 앞에 엎드렸을 뿐이다. 권위가 하나님께 속해 있는 이상, 그는 자기를 위해서는 어떤 권위도 사용하지 않았고 또 아무 일도 하지 않았다. 모세는 다만 고라와 그 모든 무리에게 말하기를, 내일 아침 여호와께서 자기에게 속한 자가 누구인지, 거룩한 자가 누구인지 보여 주실 때까지 기다리라고 했다. 이렇게 그는 그릇된 정신에 대해 올바른 정신으로 대응했다.

고라와 그 일당들이 말한 것은 합리성과 추측에 근거한 것이었다. 그러나 모세는 대답하기를 "여호와께서 자기에게 속한 자가 누구인지, 거룩한 자가 누구인지 보이시리라"(5절)고 했다. 문제는 모세에게 있는 것이 아니라 하나님에게 있었다. 백성들은 자기들이 단순히 모세와 아론을 반대하고 있다고 생각했다. 그들은 하나님께 반항할 생각이 조금도 없었다. 왜냐하면 그들은 계속 하나님을 섬기기를 원했기 때문이다. 그들은 단지 모세와 아론을 경멸했을 뿐이다.

그러나 하나님과 하나님이 위임하신 권위는 분리될 수 없다. 한편으로는 하나님을 위하고 다른 한편으로는 모세와 아론을 거스르는 것은 불가능하다. 어느 누구도 한 손으로 하나님의 위임 권위를 배격하면서 다른 한 손으로 하나님을 영접하는 일은 있을 수 없다. 만일 그들이 모세와 아론의 권위에 복종한다면, 하나님께도 복종할 것이다.

모세는 하나님께서 주신 권위를 가지고 자신을 내세우지 않았다. 오히려 그는 하나님의 권위 아래서 겸손한 태도를 취했으며 그를 고소하는 자에게도 온유함으로 대응했다.

그는 다음과 같이 말했다. "이렇게 하라 너 고라와 너의 모든 무리는 향로를 취하고 내일 여호와 앞에서 그 향로에 불을 담고 그 위에 향을 두라 그때에 여호와의 택하신 자는 거룩하게 되리라"(6, 7절).

좀더 나아가서 그는 결말도 예견했다. 그래서 한숨을 내쉬며 이렇게 말했다. "레위 자손들아 너희가 너무 분수에 지나치느니라……이스라엘의 하나님이 이스라엘 회중에서 너희를 구별하여 자기에게 가까이 하게 하사 여호와의 성막에서 봉사하게 하시며 회중 앞에 서서 그들을 대신하여 섬기게 하심이 너희에게 작은 일이겠느냐……너와 너의 무리가 다 모여서 여호와를 거스리는도다……"(7-11절).

다단과 아비람은 그때 그 자리에 있지 않았다. 모세가 그들을 부르러 사람을 보냈을 때, 그들은 오기를 거절하고 불평을 털어놓았다. "네가 우리를 젖과 꿀이 흐르는 땅에서 이끌어 내어 광야에서 죽이려 함이 어찌 작은 일이기에 오히려 스스로 우리 위에 왕이 되려 하느냐……네가 이 사람들의 눈을 빼려느냐"(13, 14절).

그들의 태도는 지극히 반항적이었다. 그들은 하나님의 약속을 믿지 않았다. 그들이 추구했던 것은 단지 세상의 축복이었다. 그들은 가나안에 들어가지 못한 것이 자기들의 잘못 때문이라는 사실을 잊어버리고, 오히려 모세에게 독설을 퍼부었다.

하나님은 백성들의 거역을 뿌리 뽑으셨다

이때 모세는 분노가 치밀었다. 그는 그들에게 말하는 대신에 하나님께 기도했다. 인간의 거역이 얼마나 자주 하나님의 심판의 손길을 초래하는가! 이스라엘은 열 번이나 하나님을 시험했고 다섯 번이나 불신했지만, 하나님은 그들을 참으시고 용서해 주셨다. 그러나 이번의 거역에 대해서는 심판을 내리셨다. "내가 순식간에 그들을 멸하려 하노라"(21절)고 하나님은 말씀하셨다. 곧 하나님은 그의 백성들 가운데 있는 거역을 뿌리 뽑으려 하신 것이다.

그러나 모세와 아론은 엎드려 기도하기를, "한 사람이 범죄하였거늘 온 회중에게 진노하시나이까"(22절)라고 했다. 하나님은 그들의 기도에 응답하시기는 했으나 고란과 그의 일당을 심판하셨다. 하나님이 세우신 권위자는 이스라엘이 마땅히 따라야 할 대상이었다. 하나님은 자신도 모세의 말을 들으신다는 사실을 이스라엘 앞에서 증거하셨다.

거역은 지옥의 원리이다. 이 백성들이 거역하자 스올(음부)의 문이 열렸다. 땅이 그 입을 열어 고란과 다단과 아비람에게 속한 모든 사람들과 그들의 모든 물건들을 삼켜 버렸다. 그들과 그들에게 속한 모든 것이 산 채로 음부에 빠졌다(민 16:32, 33).

지옥의 권세가 교회를 이기지는 못하지만 거역의 정신은 지옥 문을 열 수 있다. 때때로 교회가 승리하지 못하는 한 가지 이유는, 거역하는 사람들이 있기 때문이다. 거역하는 정신이 없으면 땅은 그 입을 열지 않을 것이다. 모든 죄가 죽음의 위력을 방출하지만 거역의 죄는 가장 많은 죽음의 위력을 방출한다. 오직 순종하는 자만이 지옥의 문을 닫고 생명을 방출할 수 있다.

순종하는 자는 믿음을 따르고 이성을 따르지 않는다

이스라엘이 모세가 젖과 꿀이 흐르는 땅으로 그들을 인도하지 않았고 또한 그들에게 밭이나 포도원을 기업으로 주지 않았다고 불평하는 것이 전혀 일리가 없는 것은 아니었다. 사실 당시에 그들은 아직 광야에 있었고 젖과 꿀이 흐르는 땅으로 들어가기 전이었다.

그러나 여기서 유의할 것이 있다. 즉 이성과 보이는 것을 따라 행하는 사람은 이성의 길을 걷는 것이요, 권위에 순종하는 사람만이 믿음으로 가나안에 들어간다는 것이다. 이성을 따르는 사람은 영적인 오솔길을 갈 수 없다. 왜냐하면 영적인 길은 인간 이성을 능가하고 초월해 있기 때문이다. 오직 신실한 자들만이 영적인 부를 누릴 수 있다. 이들은 구름 기둥과 불기둥과 모세에 의해 나타난 것과 같은 하나님의 위임 권위의 지도력을 믿음으로 받아들인다.

땅은 불순종하는 사람을 급히 스올에 떨어뜨리기 위해 입을 연다. 그들은 사실 죽음의 길을 가고 있는 것이다. 불순종하는 자들의 눈은 매우 예민하지만, 딱하게도 그들이 보는 것은 광야의 불모지뿐이다. 믿음으로 나아가는 사람은 그들 앞에 놓인 불모지를 보지 않기 때문에 혹 장님처럼 보일지도 모르나, 그들의 믿음의 눈은 그 앞에 놓여 있는 더 좋은 약속을 본다. 그렇게 해서 그들은 가나안에 들어간다.

그런즉 우리는 하나님의 권위의 제약 아래 있어야 하며, 하나님의 위임 권위의 인도를 받아야 한다. 단순히 육신의 아버지와 형제 자매들만 만나는 사람들은 참으로 권위가 무엇인지 알지 못한다. 그들은 하나님을 만나지 못한 것이다. 요컨대, 권위는 외적인 교육의 문제가 아니라 내적인 계시의 문제이다.

거역은 전염성이 있다

민수기 16장에는 거역의 두 가지 예가 있다. 1절에서 40절까지는 지도자들이 거역했고, 41절에서 50절까지는 온 회중이 거역했다. 거역의 정신은 전염성이 매우 강하다. 분향하는 250명의 지도자에게 내린 심판은 온 회중을 진정시키지 못했다. 회중은 여전히 거역했고, 모세가 자기들의 지도자들을 죽였다고 선언했다. 그러나 모세와 아론은 땅에게 그 입을 열라고 명령할 수 없었다. 그렇게 명하신 것은 하나님이셨다. 모세는 불이 내려와서 사람들을 삼키도록 할 수도 없었다. 불은 여호와 하나님으로부터 내려왔던 것이다.

인간의 눈은 사람들만 본다. 그들은 권위가 하나님으로부터 온다는 사실을 모른다. 그런 사람들은 터무니없이 담대해져서 심판을 보고도 겁을 내지 않는다. 권위에 대한 지식이 없다는 것은 참으로 위험한 것이다. 모든 회중이 모세와 아론을 거역하려고 운집했을 때에 주님의 영광이 나타났다. 이것은 권위가 하나님께 속해 있음을 입증해 주는 것이었다.

하나님은 심판을 집행하기 위해 오셨다. 염병이 나기 시작했다. 염병으로 죽은 사람은 일만 사천칠백 명이었다. 이 가운데서 모세의 영적 감각은 극히 예민했다. 즉시 그는 아론에게 부탁하기를, 향로를 취하고 단의 불을 그것에 담고 그 위에 향을 두어 가지고 급히 회중에게로 가서 그들을 위하여 속죄하라고 했다. 아론이 죽은 자와 산 자 사이에 섰을 때, 염병이 그쳤다.

하나님은 열 번이나 백성들이 광야에서 불평하는 것을 참으실 수 있었지만, 하나님의 권위에 대항하는 것은 결코 용납하지 않으셨다. 하나님은 많은 죄들을 참으실 수 있지만, 거역 행위는 참지 못하신다. 왜냐하면 거역은 사망의 원리이며 사탄의 원리이기 때문이다.

그런즉 거역 죄는 다른 어떤 죄보다도 더 심각한 것이다. 인간이 권위에 대항할 때마다 하나님께서는 곧 심판을 내리신다. 아, 이것은 얼마나 엄숙한 사실인가!

4
권위를 아는 다윗

다윗의 사람들이 가로되 보소서 여호와께서 당신에게 이르시기를 내가 원수를 네 손에 붙이리니 네 소견에 선한 대로 그에게 행하라 하시더니 이것이 그날이니이다 다윗이 일어나서 사울의 겉옷자락을 가만히 베니라 그리한 후에 사울의 옷자락 벰을 인하여 다윗의 마음이 찔려 자기 사람들에게 이르되 내가 손을 들어 여호와의 기름부음을 받은 내 주를 치는 것은 여호와의 금하시는 것이니 그는 여호와의 기름부음을 받은 자가 됨이니라(삼상 24 : 4-6).

다윗이 아비새에게 이르되 죽이지 말라 누구든지 손을 들어 여호와의 기름부음을 받은 자를 치면 죄가 없겠느냐……내가 손을 들어 여호와의 기름부음을 받은 자를 치는 것을 여호와께서 금하시나니(삼상 26 : 9, 11).

다윗이 저에게 이르되 네가 어찌하여 손을 들어 여호와의 기름부음 받은 자 죽이기를 두려워하지 아니하였느냐(삼하 1 : 14).

다윗은 거역하면서까지 왕위를 추구하지 않았다

하나님께서 세상에 자신의 권위를 정식으로 펴시던 때는 이스라엘 왕국이 건설되던 때였다. 가나안에 들어간 이스라엘은 하나님께 왕을 달라고 구하였다. 이에 하나님께서는 사무엘을 시켜 사울에게 기름을 부어 첫 왕이 되게 하셨다. 사울은 하나님께 택함을 받고 세움을 입어 하나님의 권위를 위임받은 자가 되었다.

　불행하게도, 그는 왕이 된 후에 하나님의 권위에 불순종하여 마침내 그 권위를 파괴하려는 경지에까지 이르렀다. 그는 아말렉의 왕을 살려 주었으며 좋은 양과 소와 살진 짐승과 어린 양과 기타 좋은 것들을 멸하지 않고 남겨 두었다. 이것은 하나님의 말씀에 불순종한 것이었으므로, 하나님은 사울을 버리시고 다윗에게 기름을 부으셨다.

　그러나 아직 다윗은 사울의 권위 아래 놓여 있는 사람이었다. 그는 사울의 지배하에 있는 백성의 한 사람이었고, 사울의 군대에 등록되어 있었으며, 나중에는 사울의 사위로 피택되었다. 사울과 다윗, 둘 다 기름부음을 받았다. 그러나 사울은 여러 번 다윗을 죽이려 했다. 이제 이스라엘에는 두 왕이 있었다. 하나님께 이미 버림받은 왕이 여전히 왕위에 있었고, 택함을 받은 왕은 아직 왕위에 오르지 못하고 있었다. 다윗은 심히 난처한 입장에 처해 있었다.

　사울은 엔게디 황무지에 있는 다윗을 찾으러 갔다. 사울은 길을 따라가다가 한 굴에 들어갔는데, 다윗과 그의 부하들이 동굴 깊숙한 곳에 있었다. 다윗의 부하들은 다윗에게 사울을 죽이라고 제안했지만, 다윗은 그러한 유혹을 거절했다. 그는 감히 손을 들어 권위에 대항할 수 없었기 때문이다.

　왕위에 관한 한 다윗은 하나님에 의해 기름부음을 받지 않았던가? 다윗이 하나님의 계획과 뜻 안에 똑바로 서 있는 이상, 그가 왕이 되는 것을 누가 금하겠는가? 그런데 왜 다윗은 스스로 왕이 되려 하지 않았는가? 하나님의 뜻을 성취하는 것을 돕는 것은 선한 동기가 아닌가? 그러나 다윗은 사울을 죽여서는 안 된다는 것을 강하게 느꼈다.

　사울을 죽이는 것은 하나님의 권위에 대항하는 것이 된다. 왜냐하면 사울에게는 아직도 여호와의 기름부음이 계속되고 있었기 때문이다. 비록 사울은 버림을 받았지만, 그래도 하나님의 기름부음을 받은 자—하나님께 세움을 입은 자—였다.

만일 그때 사울이 살해되었다면, 다윗은 그 즉시 왕위에 오를 수 있었을 것이고, 하나님의 뜻이 여러 해 동안 연기될 필요가 없었을 것이다. 그러나 다윗은 자기 자신을 부인할 줄 아는 사람이었다. 그는 반역적인 사람이 되기보다는 차라리 자신의 왕위 계승을 연기하는 것을 택했다. 이것이 그가 마침내 하나님의 위임 권위자가 될 수 있었던 이유이다.

하나님이 일단 사울을 왕으로 임명하시고 다윗을 사울의 권위 아래 두신 이상, 만일 다윗이 사울을 죽이고 왕위에 오른다면 반역의 대가를 치르지 않으면 안 되었을 것이다. 그렇게 했더라면 그는 반역자가 되고 말았을 것이다. 그러나 그는 감히 그 일을 하지 않았다. 여기에 나타난 원리는 미가엘이 사탄에 대해서 훼방하는 판결을 쓰지 아니한 것과 유사하다(유 9절). 그리고 보면 권위라는 것은 지극히 깊은 뜻이 함축된 문제이다.

사역보다 더 중한 순종

하나님을 섬기려면 권위에 순종하는 것이 절대적으로 필요하다. 순종은 우리의 사역을 능가한다. 만약 다윗이 그의 나라를 다스렸으나 하나님의 권위에 순종하는 일에 실패했더라면, 그도 별수 없이 사울처럼 무용지물이 되었을 것이다. 동일한 거역의 원리가 구약에서는 사울, 신약에서는 유다에게 작용하고 있다. 전자는 가장 좋은 양과 소를 죽이지 않고 남겨 둔 반면에, 후자는 은 삼십을 탐내었다.

헌신이 거역의 죄를 덮어 주지는 않는다. 다윗은 하나님의 계획과 뜻을 촉진시키기 위해 감히 자기 손으로 사울을 죽일 수 없었다. 그는 하나님이 역사하실 때까지 기다렸다. 그의 마음은 조용히 순종했다. 한 번 다윗이 사울의 옷자락을 칼로 베었을 때에도 그의 마음이 그 자신을 쳤다.

다윗의 영적 감각은 신약 시대의 그리스도인들만큼이나 예민했다. 오늘날 우리는 단순히 살인 행위만을 정죄해서는 안 된다. 조그마한 칼로 다른 사람의 옷자락을 베는 것과 같은 작은 행위도 정죄를 받아야 한다. 왜냐하면 그것 또한 반역이기 때문이다. 남의 흉을 보는 일, 나쁜 버릇 또는 내적 반항심을 살인 행위로 보지는 않는다. 그러나 그런 행위들은 틀림없이 옷자락을 베는 것과 같다고 할 수 있다. 그런 소행들은 모두 반역 정신에서 기인하는 것이다.

다윗은 하나님의 권위를 진심으로 알았던 사람이다. 그는 계속 사울에게 고초를 당했지만, 자기 자신을 온전히 하나님의 권위에 복종시켰다. 그는 사울을 "나의 주" 또는 "여호와의 기름부으신 자"라고 말하기까지 했다. 이것은 중요한 사실을 계시하고 있다. 즉 권위에 순종하는 것은 사람에게 순종하는 것이 아니요, 그 사람에게 임한 기름부음, 즉 하나님께서 그를 권위자로 규정하실 때 그에게 내린 기름부음에 순종하는 것이다.

다윗은 사울의 기름부음을 인식하고 있었고, 그가 여호와의 기름부음을 받은 자라는 것을 인정했다. 그래서 그는 사울을 죽이기 위해 손을 내밀기보다는 차라리 자기의 생명을 위해 도망치려 했던 것이다. 사실 사울은 하나님의 명령에 불순종하고 하나님께 버림을 받은 자였다. 그렇지만 이것은 사울과 하나님 사이의 일이었다. 하나님 앞에서 다윗의 임무는 그저 여호와의 기름부으신 자에게 순종하는 일이었다.

다윗은 하나님의 권위를 지지했다

다윗은 하나님의 권위를 절대적으로 지지했다. 하나님이 회복시키기 원하시는 것이 바로 이러한 특성이다. 십 황무지에서 비슷한 일이 또 한 번 일어났다. 사울을 죽이고자 하는 유혹이 두번째로 다가왔다. 사울은 누워 자고 있었고, 다윗은 그의 야영지까지 나아갈 수 있었다. 아비새는 사울을 죽이기 원했으나 다윗은 그를 말리며 대답하기를, "누구든지 손을 들어 여호와의 기름부음을 받은 자를 치면 죄가 없겠느냐"(삼상 26:9)라고 했다.

두번째도 다윗은 사울을 살려 주었다. 다윗은 사울의 머리 곁에 있는 창과 물병만 가지고 나왔다. 이것은 전번 경우보다 훨씬 나아진 것이었다. 전에는 사울의 몸에 걸친 옷자락을 베었지만, 이번에는 일체 몸에 손을 대지 않고 다만 그의 소유물에만 손을 대었기 때문이다. 다윗은 자신의 생명을 구하는 것보다도 하나님의 권위를 유지하고 하나님께 순종하기를 더 원했다.

사무엘상 31장과 사무엘하 1장에서 우리는 사울이 어떻게 젊은 아말렉 사람의 도움을 빌려 자살하게 되었는지를 볼 수 있다. 소년이 다윗에게 상을 얻을까 하여 달려와서 말하기를, 자기가 사울을 죽였다고 했다. 그러나 다윗은 여전히 자기 자신을 완전히 부인하고 하나님의 권위에 복종하는 태도를 보였다. 다윗은 소년에게 "네가 어찌하여 손을 들어 여호와의 기름부음 받은 자 죽이기를 두려워하지 아니하였느냐?"고 했다. 그리고 즉시 소식을 전달한 그 소년을 죽이라고 명령했다.

다윗은 하나님의 권위를 지지했기 때문에, 하나님은 그를 하나님의 마음에 합한 자로 여겼다. 다윗의 나라는 지금까지 계속되고 있다. 주 예수님도 다윗의 후손이시다. 권위에 순종하는 사람만이 권위자가 될 수 있다. 이 문제는 지극히 중요한 것이다. 우리는 우리 안에서부터 거역의 뿌리를 다 제거해야 한다. 권위를 행사하기 전에 권위에 순종하는 것은 반드시 필요한 태도이다.

교회는 순종하기 위해 존재한다. 교회는 연약한 자를 겁내기보다는 거역하는 자들을 겁내고 있다. 후자가 더 파괴적인 요소가 되기 때문이다. 교회가 복을 받으려면 먼저 우리가 마음으로 하나님의 권위에 순종해야 한다. 교회의 장래는 우리에게 달려 있다. 우리는 중대한 시대에 살고 있다.

5
예수님의 순종

너희 안에 이 마음을 품으라 곧 그리스도 예수의 마음이니 그는 근본 하나님의 본체시나 하나님과 동등됨을 취할 것으로 여기지 아니하시고 오히려 자기를 비어 종의 형체를 가져 사람들과 같이 되었고 사람의 모양으로 나타나셨으매 자기를 낮추시고 죽기까지 복종하셨으니 곧 십자가에 죽으심이라 이러므로 하나님이 그를 지극히 높여 모든 이름 위에 뛰어난 이름을 주사 하늘에 있는 자들과 땅에 있는 자들과 땅 아래 있는 자들로 모든 무릎을 예수의 이름에 꿇게 하시고 모든 입으로 예수 그리스도를 주라 시인하여 하나님 아버지께 영광을 돌리게 하셨느니라(빌 2:5-11).

그는 육체에 계실 때에 자기를 죽음에서 능히 구원하실 이에게 심한 통곡과 눈물로 간구와 소원을 올렸고 그의 경외하심을 인하여 들으심을 얻었느니라 그가 아들이시라도 받으신 고난으로 순종함을 배워서 온전하게 되었은즉 자기를 순종하는 모든 자에게 영원한 구원의 근원이 되시고(히 5:7-9).

주님이 순종을 가르쳐 주신다

성경은 주 예수님과 아버지가 하나라고 말한다. 태초에 말씀이 계셨으며, 그 말씀은 곧 하나님이셨다. 천지가 말씀으로 창조되었다. 하나님이 태초에 가지셨던 영광, 감히 접근할 수 없는 그 하나님의 영광은 또한 아들의 영광이었다. 아버지와 아들은 동등하게 존재하시며, 능력과 소유에 있어서도 동등하시다.

아버지와 아들의 차이점은 오로지 위격에 있다. 이것은 본질적인 차이는 아니고, 다만 하나님 안에서의 배열에 불과하다. 그러므로 성경에 이르기를 주님은 "하나님과 동등됨을 취할 것으로 여기지 아니하셨다"고 했다. 즉 하나님과 동등됨이라는 것은 쟁취하거나 획득해야 하는 것이 아니다. 본래 주님은 하나님의 형상이시기 때문이다.

빌립보서 2:5-7과 8-11절은 각각 다른 단원을 형성하고 있다. 이 두 단원에서 우리 주님은 두 번 자신을 낮추신 것으로 나타난다. 첫번째는 주님이 그의 신성에 있어서 자기를 비우셨으며, 두번째는 그의 인성에 있어서 자기를 낮추신 것이다. 주님께서 세상에 오셨을 때 그의 신성의 영광과 능력과 지위와 형태를 철저히 비우셨기 때문에, 계시에 의하지 않고는 그 당시 살아 있던 사람 중에 그리스도를 하나님으로 알거나 인정한 사람은 아무도 없었다.

그들은 주님을 단지 한 사람으로 대우했으며, 이 세상의 평범한 사람으로 취급했다. 아들로서 그리스도는 기꺼이 아버지의 권위에 순복하여 "아버지는 나보다 크심이니라"(요 14:28)고 선언하신다. 그리하여 하나님 안에는 온전한 조화가 있다. 아버지는 기꺼이 머리의 위치를 차지하시고, 아들은 순종으로 응하신다. 하나님은 권위의 상징이 되시고, 그리스도는 순종의 상징이 되신다.

우리 인간이 순종의 자세를 취하는 것은 간단하다. 왜냐하면 우리는 약간만 낮추면 되기 때문이다. 그러나 그리스도께서 순종의 자세를 취하신다는 것은 그리 간단한 문제가 아니다. 주님은 천지를 창조하는 것보다도 순종하는 것이 훨씬 더 힘들 것이다. 왜 그런가? 주님은 순종할 자격을 갖추기 전에 먼저 신성의 모든 영광과 능력을 비우시고 종의 형체를 취하셔야 하기 때문이다. 그러므로 우리는 하나님의 아들로부터 순종을 배울 수 있다.

아들은 원래 아버지와 동일한 영광과 권위를 가지고 계셨다. 그러나 세상에 오셨을 때 주님은 한편으로는 권위를 버리시고 다른 한편으로는 순종을 취하셨던 것이다. 주님은 기꺼이 종의 위치를 택하시고 시간과 공간의 인간적인 제약을 받으셨다. 주님은 더욱 자기를 낮추사 죽기까지 순종하셨다.

삼위일체 하나님 안에서 순종하는 모습은 온 우주에서 가장 놀라운 광경이다. 그리스도께서 죽기까지 순종하셨기에-십자가 위에서 가장 고통스럽고 수치스러운 죽음을 당하시며-하나님은 주님을 높이 올리셨다. 하나님은 누구든지 자기를 낮추는 자를 높이신다. 이것이 하나님의 원리이다.

그리스도로 충만한 것은 순종으로 충만한 것이다

주님께서 순종의 모범을 보이셨기 때문에, 아버지께서는 그리스도의 머리가 되셨다. 권위와 순종은 둘 다 하나님에 의해 제정된 것이므로, 하나님과 그리스도를 아는 사람들이 순종하는 것은 당연한 일이다. 그러나 하나님과 그리스도를 알지 못하는 사람들은 권위와 순종을 알지 못한다. 그리스도는 순종의 원리이다. 따라서 그리스도로 충만한 사람은 또한 순종으로 충만한 사람임에 틀림없다.

오늘날 사람들은 흔히 이렇게 묻는다. "왜 내가 순종해야 합니까? 당신과 나는 형제지간인데, 왜 내가 당신에게 순종해야 하는 겁니까?" 사람들은 이런 식으로 질문할 자격이 없다. 주님만이 그런 말을 할 자격이 있으시다. 그러나 주님은 그런 말씀을 하신 적이 없거니와 그런 생각을 마음에 품으신 적도 없다.

그리스도는 순종을 대표하신다. 이것은 하나님의 권위가 완전한 만큼 완전하다. 하나님께서 아직도 삶에서 순종을 결여되어 있으면서도 권위를 안다고 주장하는 사람들에게 자비를 베풀어 주시기 바란다.

주님의 길

신성에 관해서는, 아들과 아버지가 서로 동등하다. 그러나 아들이 주가 되신 것은 하나님께서 그에게 내리신 보상이다. 주 예수 그리스도는 자기를 비우신 후에야 주가 되셨다. 그리스도의 신성은 그의 본래의 인격에서 나오는 것이다. 즉 그리스도가 하나님이신 것은 그의 고유한 본질이다.

그러나 그리스도의 주 되심은 그가 이룩하신 일에서 비롯되는 것이다. 그리스도께서 자기의 영광을 버리시고 온전히 순종의 임무를 담당하신 후에야 비로소 하나님은 그를 높이시고 상을 주사 주가 되게 하셨다. 그런즉 그리스도 자신으로 말하자면 그는 하나님이시고, 보상으로 말하자면 그는 주님이시다. 그리스도의 주 되심은 원래 하나님 안에 있던 것이 아니다.

빌립보서 2장의 구절은 설명하기가 매우 어렵다. 왜냐하면 그 구절은 가장 거룩하면서도 가장 논쟁의 여지가 많기 때문이다. 우리는 이 말씀을 상고할 때, 신을 벗고 거룩한 땅에 서자. 마치 태초에 삼위일체 하나님 안에서 어떤 회의가 열렸던 것 같다. 하나님은 우주를 창조할 계획을 품고 계셨다. 그 계획 안에서 삼위일체 하나님은 성부 하나님이 권위를 대표하는 것에 동의하셨다. 그러나 순종 없이는 우주 안에 권위가 세워질 수 없다. 왜냐하면 권위란 홀로 존재할 수 없기 때문이다. 그러므로 하나님은 우주에서 순종을 찾으셔야 했다.

그 순종을 담당할 두 개의 생명체가 창조되었다. 즉 천사(영)와 사람(생령)이 창조되었다. 하나님은 예지에 의해 천사의 거역과 인간의 타락을 미리 아셨다. 따라서 하나님은 천사들 안에서나 아담의 인류 안에서 당신의 권위를 세우실 수 없었다. 그 결과 삼위일체 하나님 안에서만 권위와 순종의 완전한 조화가 이루어지게 되었으니, 곧 아들의 순종이 아버지의 권위에 응할 것이었다. 이로써 성부 하나님과 성자 하나님의 활동이 명백히 구분된다.

어느 날 성자 하나님이 자기를 비우사 사람의 모양으로 태어나셔서 순종의 상징이 되셨다. 거역 행위가 피조물에게서 나왔으므로, 순종도 하나의 피조물 안에서 세워져야 한다. 사람이 범죄하고 반역했기 때문에 하나님의 권위는 사람의 순종 위에 세워져야만 한다. 이 사실은 주께서 세상에 오셔서 피조된 인간처럼 되셔야 했던 이유를 잘 설명해 주는 것이다.

우리 주님의 탄생은 실제로 하나님이 나타나신 것이다. 그는 권위를 가진 하나님으로 남아 있지 않고 인간에게 내려오사 인간의 모든 제한을 받아들이시고 종의 형상을 취하셨다. 주님은 영광을 다시 취하지 못할지도 모르는 위험에 용감하게 맞섰다.

만일 주님이 지상에서 한 인간으로서 불순종했다 해도, 주님은 자신의 원래의 권위를 주장함으로써 하나님 안에서 자기의 지위를 되찾으실 수 있었을 것이다. 그러나 만약 주께서 그렇게 하셨더라면, 순종의 원리를 영원히 파괴해 버리셨을 것이다.

주님이 돌아갈 길이 두 가지 있었다. 한 가지 길은 한 인간으로서 온전히 절대적으로 순종하여, 조금도 거역의 기색을 나타내지 않고 모든 경우에 모든 일에 있어서 하나님의 권위를 세우고, 점차 하나님께 순종함으로 나아가 결국은 만유의 주가 되시는 것이었다. 또 다른 하나의 길은 인간 육신의 연약함과 제한성으로 인해 순종이 불가능함을 발견하고, 자기의 신성의 권위와 능력과 영광을 되찾고 사용함으로써 다시 원래의 상태로 되돌아가는 것이었다.

그러나 주님은 두번째 길은 버리시고 겸손히 순종의 길을 택하여 죽음에까지 나아가셨다. 일단 자기를 비우신 이상, 주님은 다시 자신을 채우기를 거절하셨다. 주님은 결코 애매한 길을 택하지 않으셨다. 만일 주께서 자신의 신성의 영광과 권위를 버리시고 종의 형체를 취하신 후에 순종의 길에서 실패하셨더라면, 주님은 결코 다시 영광스럽게 복귀하시지 못했을 것이다.

주님은 오직 한 인간으로서 순종의 길을 감으로써 복귀하셨다. 주님은 완전하고 유례없는 순종에 근거해서 복귀하신 것이다. 고난이 계속되었지만, 주님은 저항이나 거역의 기색은 조금도 나타내지 않으시고 절대적인 순종을 보이셨다.

그 결과, 예수님이 영광으로 돌아오셨을 때 하나님께서는 그를 높이 올리사 주가 되게 하셨다. 전에 비웠던 것을 그에게 다시 채우신 분은 예수님이 아니라 아버지 하나님이셨다. 즉 인간이 되신 그리스도를 영광으로 다시 들어오게 하신 분은 바로 성부 하나님이셨다. 따라서 이제 성자 하나님은 또한 영광으로 돌아온 인간 예수가 되셨다.

예수님의 이름이 그토록 귀한 이유가 바로 여기에 있다. 온 우주에 그와 같은 자가 없다. 십자가에서 주님이 "다 이루었다"고 외치셨을 때, 그것은 구원의 완성을 선포한 것일 뿐 아니라 그 이름이 나타내는 모든 것을 성취하셨음을 선포한 것이다. 그러므로 주님은 모든 이름 위에 뛰어난 이름을 가지셨고, 그 이름에 모든 무릎이 꿇으며 모든 입으로 예수를 주라 시인하게 될 것이다.

이후부터 그리스도는 하나님이실 뿐만 아니라 주이시다. 예수님의 주 되심은 그와 하나님과의 관계, 즉 그가 어떻게 하나님으로부터 보상을 받으셨는지를 말해 주는 것이다. 또 예수님의 그리스도 되심은 예수님과 교회의 관계를 보여 주는 것이다.

요약하면 아래와 같다.

아들이 영광을 버리셨을 때, 그는 자기의 신적인 속성에 근거해서 복귀하려고 하지 않았다. 오히려 그는 한 인간으로서 순종을 통해 높임을 받기를 갈망하였다. 이와 같이 하나님은 자신의 순종의 원리를 분명히 보여 주셨다. 그런즉 우리가 조금도 거역하지 않고 온전히 순종하는 것은 얼마나 필요한 일인가!

성자 하나님은 한 인간으로서 하늘로 복귀하셨으며, 인간의 모습으로 온전히 순종하신 후에 하나님에 의해 높이 들림을 받으셨다. 성경의 이 위대한 신비를 직시해 보자. 주께서 영광을 버리시고 인간의 육신을 입으셨을 때, 그는 자신의 신적인 속성을 힘입어 복귀하지 않기로 결정하셨다.

또 주님은 불순종의 모습을 조금도 내보이지 않으셨기 때문에, 그의 겸손함을 근거로 하나님께 높이 들림을 받으셨다. 주님은 세상에 오셨을 때 자기의 영광을 버리셨다. 그러나 다시 하늘로 돌아가셨을 때, 그는 그 영광을 되찾으셨을 뿐 아니라 훨씬 더 큰 영광을 받으셨다.

그런즉 우리도 그리스도 예수 안에 있는 이 마음을 품자. 우리 모두 주님의 길에서 행하고, 주님의 순종의 원리를 우리 자신의 원리로 삼아 온전한 순종에 이르자. 우리는 피차 순종하자. 일단 이 원리를 알면, 거역보다 더 심각한 죄는 없으며 순종보다 더 중요한 것은 없다는 사실을 쉽게 알게 될 것이다.

우리는 오직 순종의 원리 안에서 하나님을 섬길 수 있다. 오직 그리스도께서 순종하셨던 것처럼 순종하는 가운데서 우리는 하나님의 권위의 원리를 재확인할 수 있다. 거역은 사탄의 원리에서 나오는 것이기 때문이다.

고난을 통해 배우는 순종

히브리서 5:8에서는 그리스도께서 "받으신 고난으로 순종함을 배웠다"라고 말한다. 고난은 주님으로부터 순종을 이끌어 냈다. 주님은 이 세상에 순종을 가져오신 것이 아니라, 순종을 배우셨다는 사실을 유의하기 바란다. 주님은 고난을 통해 순종을 배우셨다.

우리가 고난을 당할 때 순종을 배우게 된다. 그런 순종은 진실한 것이다. 우리의 유용성은 우리가 고난을 받았느냐 받지 않았느냐에 따라 결정되는 것이 아니라, 그 고난을 통해서 얼마나 많은 순종을 배웠느냐에 따라 결정된다. 순종하는 사람들만이 하나님께 유용하게 쓰임을 받는다.

우리의 마음이 부드러워지지 않는 한, 고난은 우리를 떠나지 않을 것이다. 우리의 길은 많은 고난들 가운데 놓여 있다. 안일하게 살아가는 사람과 쾌락을 좋아하는 사람은 하나님 앞에서 무용하다. 그러므로 우리는 고난 가운데서 순종을 배워야 한다.

구원은 사람들을 기쁘게 함은 물론 순종하게 만든다. 만일 우리가 기쁨만을 추구한다면, 우리의 영적 소유는 풍부하지 못할 것이다. 그러나 순종하는 사람은 구원의 풍성함을 체험할 것이다. 우리는 구원의 본질을 바꾸지 말아야 한다. 주님께서 순종을 통해 완전해져서 우리의 영원한 구원의 원천이 되셨으므로, 우리도 순종하자.

하나님께서는 우리가 자신의 뜻에 순종하는 사람이 되게 하기 위해서 우리를 구원해 주신다. 만일 우리가 하나님의 권위를 접해 본 경험이 있다면, 순종은 쉽고 하나님의 뜻은 간단하다는 것을 알게 될 것이다. 왜냐하면 주님 자신이 언제나 순종하셨고, 이 순종의 생명을 우리에게 주셨기 때문이다.

6
하나님의 나라를 건설하는 방법

그가 아들이시라도 받으신 고난으로 순종함을 배워서 온전하게 되었은즉 자기를 순종하는 모든 자에게 영원한 구원의 근원이 되시고(히 5:8, 9).

우리는 이 일에 증인이요 하나님이 자기를 순종하는 사람들에게 주신 성령도 그러하니라(행 5:32).

그러나 저희가 다 복음을 순종치 아니하였도다 이사야가 가로되 주여 우리의 전하는 바를 누가 믿었나이까 하였으니(롬 10:16).

하나님을 모르는 자들과 우리 주 예수의 복음을 복종치 않는 자들에게 형벌을 주시리니(살후 1:8).

너희가 진리를 순종함으로 너희 영혼을 깨끗하게 하여 거짓이 없이 형제를 사랑하기에 이르렀으니 마음으로 뜨겁게 피차 사랑하라(벧전 1:22).

주님은 고난으로 순종을 배우셨다

하나님은 우리 주님의 생애를 통해 순종의 원리를 확보하신 것처럼, 또한 주님을 통해 자신의 권위를 세우셨다. 이제 우리는 오늘날 하나님께서 어떻게 그 권위의 기초 위에 그의 나라를 건설해 가시는지를 살펴보기로 하자.

주님은 빈 손으로 이 세상에 오셨다. 주님은 친히 당하신 고난을 통해서 순종을 배우셨으며, 그로 인해 주님께 순종하는 모든 사람들에게 영원한 구원의 근원이 되셨다. 주님은 고난에 고난을 당하심으로 죽기까지 순종하는 것을 배우시고, 마침내 십자가에서 돌아가셨다.

주님이 하나님의 위치에서 인간의 위치로 내려오셨을 때, 그는 참으로 한 인간이 되셨다. 즉 연약하고 고난을 아는 인간이 되셨던 것이다. 주님이 당하신 모든 고난은 순종의 열매로 무르익었다. 어떤 고난을 당하여도 결코 주님은 불평하시거나 짜증을 내지 않으셨다.

믿은 지 수년이 지나도 순종을 배우지 못하고 있는 많은 그리스도인들과는 얼마나 판이한가! 고난이 늘어나도 이들의 순종은 늘어나지 않는다. 흔히 고난이 닥치면 그들은 괴로워하면서 불평을 늘어놓는다. 이것은 그들이 아직 순종을 배우지 못했음을 보여 주는 것이다. 그러나 주님은 온갖 종류의 고난을 당하시면서도 계속해서 순종의 정신을 나타내 보이셨다.

따라서 주님은 우리의 영원한 구원의 근원이 되셨다. 한 사람이 순종함으로 말미암아 많은 사람이 은혜를 받았다. 우리 주님의 순종은 하나님의 나라를 위한 것이다. 구속의 목적은 하나님의 나라를 더 진전시키는 것이다.

하나님께서 그의 나라를 세우신다

천사와 인간의 타락이 우주에 얼마나 큰 영향을 미쳤으며, 그것이 하나님께 얼마나 큰 문제를 야기시켰는지 알고 있는가? 하나님의 의도는 두 피조물(천사와 사람)이 하나님의 권위를 받아들이는 것이었다. 그러나 이 두 피조물은 엉뚱하게도 하나님의 권위를 거절했다. 하나님은 피조물 안에서 하나님의 권위를 세우실 수 없었다. 그렇다고 해서 하나님은 그 권위를 철회하지는 않으셨다.

하나님은 자신의 임재는 철회하셔도, 자신이 일으키신 권위는 결코 포기하지 않으신다. 하나님의 권위가 있는 곳에 하나님의 정당한 자리도 있다. 그러므로 하나님께서는 한편으로는 권위를 주장하시고 또 한편으로는 그의 나라를 세우신다. 비록 사탄은 계속 하나님의 권위를 파괴하며 사람들은 날마다 하나님께 반항하고 있지만, 하나님은 그런 반역 행위를 무한정 방치해 두지는 않으실 것이다.

하나님께서는 그의 나라를 세우신다. 왜 성경은 하나님의 나라를 하늘 나라라고 부르는가? 그것은 반역이 단지 이 세상에만 제한된 것이 아니라 천사들이 반역한 하늘에까지 미쳤기 때문이다.

그러면 주님은 하나님의 나라를 어떻게 세우시는가? 주님은 자신의 순종을 통해서 그 나라를 세우신다. 주님은 하나님께 한 번도 불순종하신 적이 없다. 주님이 이 땅에 계시는 동안 단 한 번도 하나님의 권위에 대항하신 적이 없었다.

하나님의 권위에 온전히 순종하고 또 그 권위가 절대적으로 통치할 수 있도록 허용함으로써 주님은 자신의 순종의 영역 안에 하나님의 나라를 세우셨던 것이다. 우리 주님이 하셨던 것처럼 오늘날 교회도 권위에 순종하여, 하나님의 권위가 번창하고 하나님의 나라가 나타나도록 해야 한다.

하나님은 교회를 하나님 나라의 선구자로 세우셨다

아담이 타락한 후, 하나님은 노아와 그의 가족을 택하셨다. 그렇지만 홍수 후에 그들도 타락했다. 그래서 하나님은 아브라함을 불러내어 열국의 아비가 되게 하셨다. 하나님은 아브라함을 통해서 그의 나라를 세우려고 의도하셨다. 이삭이 선택되어 아브라함의 뒤를 이었고, 다음에는 야곱이 뒤를 이었다. 야곱의 후손들은 애굽의 압제 아래에서도 크게 번성했다.

그래서 하나님은 모세를 보내어 그들을 애굽에서 구해 내고 그들로 하여금 새 나라를 건설하게 하셨다. 그러나 백성들 가운데 불순종하는 자들이 있었기 때문에 하나님은 순종을 가르치시기 위해 이스라엘을 광야로 인도하셨다. 그럼에도 불구하고 그들은 계속 하나님을 거역하였고, 그 결과 한 세대가 전부 도중에서 죽고 말았다.

비록 2세들이 가나안 땅에 들어가기는 했지만, 그들은 전심으로 하나님의 말씀에 귀를 기울이지 않았다. 그 결과 그 땅에서 가나안 족속들을 완전히 추방하지 못하였다. 사울이 초대 왕이 되었지만, 그의 반항으로 인해 나라는 설립되지 못하였다. 다윗이 선택되었을 때 비로소 하나님은 그 안에서 자신의 마음에 합한 왕을 발견하셨다. 다윗은 온전히 하나님의 권위에 순종하였기 때문이다.

그럼에도 불구하고 거역의 흔적은 여전히 나라 안에 남아 있었다. 하나님은 자신의 이름을 두실 곳으로 예루살렘을 택하셨으나, 백성들은 계속해서 기브온의 고지에서 제사를 지내고 있었다. 그들의 순종은 약했다. 그들은 한 왕을 두었으나 나라의 영적 실체는 없었다. 다윗 이전까지는 적당한 왕이 없고 나라만 있었다. 그런데 다윗의 때에 이르러서는 왕과 나라가 다 현존했다. 그러나 나라의 영적 실체는 여전히 없었다. 하나님의 나라는 참으로 건설되어야만 했다.

주님은 하나님의 나라를 세우기 위해 이 세상에 오셨다. 주님의 복음은 본질상 이중적이다. 곧 개인적이며 집단적이다. 개인적인 면에서 복음은 믿음을 통해서 영생을 얻도록 사람들을 부르는가 하면, 집단적인 면에서 복음은 사람들로 하여금 회개를 통해 하나님의 나라에 들어가도록 명령하고 있다.

하나님의 눈은 나라를 향해 있다. 가령 소위 말하는 주의 기도는 나라로 시작해서 나라로 끝이 난다. 즉 "나라이 임하옵시며 뜻이 하늘에서 이룬 것같이 땅에서도 이루어지이다"로 시작한다. 하나님의 나라는 하나님의 뜻이 어떠한 방해도 받지 않고 이루어지는 영역이다. 또 이 기도는 "나라와 권세와 영광이 아버지께 영원히 있사옵니다 아멘"(마 6:13)으로 끝맺고 있다. 나라와 권세와 영광은 상호 밀접한 관계가 있다.

요한계시록 12:10에서는 "이제 우리 하나님의 구원과 능력과 나라와 또 그의 그리스도의 권세가 이루었다"고 선언한다. 이렇게 선포하는 이유는 나라가 권위의 영역이기 때문이다. "하나님의 나라는 너희 안에 있느니라"(눅 17:21)고 주님은 말씀하신다. 이 말은 하나님의 나라가 "너희 가운데"(in the midst of you) 있다는 말이다. 주님 자신이 실제로 하나님의 나라이다.

주 예수님이 우리 가운데 계시면 하나님의 나라가 우리 가운데에 있는 것이다. 이는 하나님의 권위가 그리스도의 생애 속에서 완전히 실행되었기 때문이다. 이제 하나님의 나라가 주님 안에 있는 것같이 교회 안에서도 발견되어야 한다. 왜냐하면 주님의 생명이 교회에까지 흐르며, 따라서 하나님의 나라도 교회에까지 확장되기 때문이다.

노아로부터 시작해서 하나님은 어떻게든 한 나라를 이끄셨다. 그러나 그것은 세상의 나라였지 하나님의 나라는 아니었다. 하나님의 나라는 실제로 주 예수님과 더불어 시작된다. 처음에 그 나라의 범위는 얼마나 작았던가! 그러나 오늘날 이 한 알의 밀이 많은 결실을 내었다. 그 나라의 범위는 주님뿐 아니라 많은 성도들도 포함한다.

교회는 하나님의 권위가 행사되는 곳으로 정해졌으므로, 하나님은 우리가 하나님의 나라와 하나님의 교회가 되기를 원하신다. 하나님은 단지 소수의 개인들보다 더 많은 곳에서 자신의 정당한 위치를 차지하기 원하신다. 하나님은 온 교회가 하나님께 절대적인 우월성을 부여하여, 하나님의 권위가 우세해지고 반역이란 것이 없어지기를 바라신다.

그리하여 하나님은 그의 피조물 가운데서 자신의 권위를 세우실 것이다. 하나님이 우리에게 원하시는 것은, 하나님이 친히 행사하시는 직접적인 권위에 순종할 뿐만 아니라 하나님이 세우신 위임 권위들에게도 순종하는 것이다. 하나님이 기대하시는 것은 온전한 순종이지, 부분적인 순종이 아니다.

복음은 사람들에게 믿고 순종할 것을 요구한다

성경은 믿음뿐 아니라 순종도 언급하고 있다. 왜냐하면 우리는 단지 죄인일 뿐만 아니라 불순종의 아들이기도 하기 때문이다. 이사야 53:1을 인용한 로마서 10:16에서 "우리의 전하는 바를 믿는다"는 말은 곧 "기쁜 소식에 순종한다"는 의미이다. 복음을 믿는다는 것은 곧 복음에 순종하는 것이다.

"하나님을 모르는 자들과 우리 주 예수의 복음을 복종치 않는 자들에게 형벌을 주시리니"(살후 1:8). 복종하지 않는 사람은 거역하는 사람이다. "오직 당을 지어 진리를 좇지 아니하고 불의를 좇는 자에게는 노와 분으로 하시리라"(롬 2:8). 불순종하는 사람은 거역하는 사람이다. "너희가 진리를 순종함으로 너희 영혼을 깨끗하게 하여"(벧전 1:22). 이 구절은 진리에 순종함으로써 깨끗하게 된다는 것을 분명히 말해 준다. 믿음은 순종이다.

믿는 자들은 "순종하는 자들"이라고 부르는 것이 가장 좋을 것이다. 그들은 주님을 믿을 뿐만 아니라 주님의 권위에 순종하는 자들이기 때문이다. 바울은 빛을 본 후에 "주여 무엇을 하리이까"(행 22:10)라고 물었다. 바울은 믿을 뿐만 아니라 주님께 순종하기까지 했다. 바울의 회개는 은혜를 깨달음과 권위에 순종함으로 말미암아 이루어졌다. 바울은 성령에 의해 복음의 권위를 알게 되었을 때, 예수님을 주라고 말했다.

하나님이 우리를 부르시는 것은, 믿음을 통해 주님의 생명을 얻게 할 뿐만 아니라 순종을 통해 주님의 권위를 지지하도록 하기 위함이다. 하나님은 오늘날 교회에 있는 우리에게, 하나님의 직접적인 권위에 순종할 뿐 아니라 하나님이 세우신 권위―가정, 학교, 사회, 교회에서―에 순종할 것을 권하신다. 어떤 사람에게 순종해야 하는지를 반드시 구체적으로 지적할 필요는 없다. 그것은 단지 직접적으로든 간접적으로든 하나님의 권위를 만날 때마다 순종을 배워야 한다는 의미이다.

어떤 특정한 사람에게만 귀를 기울이고 순종할 수 있는 사람들이 많다. 이것은 그들이 아직도 권위를 보지 못했다는 증거다. 사람에게 순종하는 것은 헛된 일이다. 우리가 순종해야 할 대상은 권위이다. 참으로 권위를 아는 사람은 조그마한 불순종을 보고도 자신이 거역해 왔음을 깨닫는다. 그러나 권위를 모르는 사람들은 자기들이 얼마나 거역하는 사람인지 전혀 알지 못한다.

바울이 빛을 보기 전에는 자기가 무엇을 행하고 있는지조차 모르고 가시채를 뒷발질했었다. 그러나 빛을 본 연후에 최초로 일어난 일은 마음의 눈이 열려 권위를 보았던 일이다. 그리고 이 보는 것은 그후로 점차 증가했다.

바울은 아나니아라는 미천한 형제를 만났지만, 아나니아라는 사람이 도대체 어떤 사람인지-유식한 사람인지 무식한 사람인지-를 일체 따지지 않았다. 그것은 그가 사람을 보지 않았기 때문이다. 바울은 아나니아가 하나님께 보내심을 받은 사람임을 알았고, 따라서 그 위임 권위에 자신을 복종시켰다. 권위를 배운 후에 순종하기는 매우 쉽다.

교회를 통해 하나님의 나라가 되는 열방들

만일 교회가 하나님의 권위를 받아들이지 않는다면, 하나님께서는 그의 나라를 설립하실 길이 없다. 하나님께서 그의 나라를 소유하시는 방법은 첫째 주 예수님 안에서요, 다음은 교회 안에서요, 끝으로 온 세계 안에서다. "세상 나라가 우리 주와 그 그리스도의 나라가 되어 그가 세세토록 왕노릇 하시리로다"(계 11:15)라고 선포될 날이 언젠가 올 것이다.

지금 교회가 차지하고 있는 위치는, 주 예수님의 인격 안에 나타난 나라와 세상이 주와 그리스도의 나라가 될 때 나타날 더 확장된 나라의 중간이다. 하나님의 나라는 교회 안에 설립되기 전에 먼저 주 예수님 안에서 발견되어야 하며, 또 열방 가운데 확보되기 전에 먼저 교회 안에 확립되어야 한다. 주 예수님 없이는 교회가 있을 수 없으며, 교회 없이는 더 이상 하나님 나라의 확장이 있을 수 없다.

지상에 계실 동안 주님은 지극히 사소한 일에도 다 순종하셨다. 예를 들면 주님은 성전세를 내셨다. 돈이 없으면 물고기 입에서 세겔을 얻기도 하셨다. 또 시민세를 내는 문제에 관해 질문을 받으면 이렇게 확답하셨다. "……가이사의 것은 가이사에게, 하나님의 것은 하나님께 바치라"(마 22:21).

비록 가이사는 반역적인 사람이었지만, 하나님에 의해 세우심을 받앉으므로 그에게 순종해야 함이 마땅하다. 우리는 온전히 순종하기만 하면 된다. 불순종하는 사람들은 하나님께서 처리하실 것이다.

우리의 순종을 통해서 하나님의 나라는 온 세상으로 확장될 것이다. 그러나 오늘날 많은 사람들이 죄에 대해서는 민감하나, 거역에 대해서는 그렇지 못하다. 우리는 죄에 대한 감각은 물론 권위에 대한 감각도 가져야 한다. 죄에 대한 감각이 무디어지면 그리스도인의 삶을 살 수 없으며, 권위에 대한 감각이 무디어지면 순종하는 자로서 살 수가 없다.

교회는 하나님의 권위에 순종해야 한다

우리는 교회에서 순종하는 것을 배워야 한다. 교회 안에 있는 모든 권위는 순종을 요구한다. 하나님께서는 교회 안에 하나님의 권위가 온전히 나타나고 교회를 통해서 하나님 나라가 확장되기를 원하신다. 교회가 온전히 순종한 후에는 모든 세상이 하나님의 권위 아래로 인도될 것이다.

그러나 교회 안에서 하나님의 권위가 우세해지지 못하면, 하나님의 나라가 온 땅을 뒤덮는 일은 좌절될 것이다. 그러므로 교회는 하나님의 나라로 가는 길이기도 하지만, 잘못하면 하나님 나라를 좌절시킬 수도 있다.

우리가 교회 안에서 조그마한 고난도 견디어 내지 못한다면, 하나님의 나라가 어떻게 나타날 수 있겠는가? 우리가 언제나 이치만 따지고 논쟁만 하고 있다면, 하나님의 나라가 어떻게 득세할 수 있겠는가? 우리는 하나님의 때를 매우 지체시켰다. 하나님의 길이 막히지 않도록 모든 거역은 반드시 근절되어야 한다.

일단 교회가 참으로 순종하게 되면, 모든 열방들이 잘 따를 것이다. 교회에 부과된 책임은 막대하다. 하나님의 뜻과 명령이 교회에서 막힘이 없이 자유롭게 움직일 수 있을 때에 하나님의 나라는 분명코 도래할 것이다.

7

위임 권위에 대한 순종

하나님이 제정하신 권세들

1. 세상에서

각 사람은 위에 있는 권세들에게 굴복하라 권세는 하나님께로 나지 않음이 없나니 모든 권세는 다 하나님의 정하신 바라(롬 13:1).
인간에 세운 모든 제도를 주를 위하여 순복하되 혹은 위에 있는 왕이나 혹은 악행하는 자를 징벌하고 선행하는 자를 포장하기 위하여 그의 보낸 방백에게 하라 (벧전 2:13-14).

하나님은 우주의 모든 권위의 근원이시다. 모든 다스리는 권세들은 하나님이 제정하신 것이므로, 모든 권세는 하나님이 위임하신 것이요, 하나님의 권위를 대표하는 것이다. 하나님은 자신을 드러내시기 위해 친히 이 권위의 체계를 설정하셨다. 사람들이 어디서 권위를 만나든지 실은 하나님을 만나는 것이다. 사람들은 하나님의 임재를 통해서 하나님을 알 수 있을 뿐만 아니라, 하나님의 권위를 통해서도 하나님을 알 수 있다.

에덴 동산에서 사람들은 하나님의 임재를 통해서 하나님을 알게 되었다. 또 하나님이 부재하실 때는 하나님의 명령을 기억함으로써 하나님을 알았다. 오늘날의 사람들은 이 세상에서 좀처럼 하나님을 직접적으로 만날 수 없다. 오늘날 하나님께서 자신을 가장 많이 드러내시는 곳은 하나님의 명령 안에서다.

마가복음 12 : 1-9의 비유에 나오는 어리석은 소작농처럼 어리석은 자들은 포도원 주인이 직접 명령해야만 순종하려고 한다. 그러나 이 비유에서 주인은 자기 앞에 종들과 그 아들을 대리인으로 보내지 않았는가?

하나님께 세우심을 받은 사람들은 하나님을 대신해서 권위를 행사해야 한다. 모든 정부의 권세들은 하나님에 의해 제정된 이상, 사람들은 반드시 순종해야 한다. 우리가 진실로 하나님께 순종하는 법을 배운다면, 하나님의 권위가 누구에게 부여되었는지 아는 것은 어렵지 않다.

만일 우리가 하나님의 직접적인 권위만을 안다면, 하나님의 권위의 절반 이상을 무시하고 있는 것이다. 우리는 삶 속에서 하나님의 권위를 얼마나 인정하고 있는가? 하나님의 직접적인 권위와 위임 권위 사이에서 선택할 수 있는 여지가 우리에게 있는가? 없다. 우리는 하나님의 직접적인 권위는 물론 위임 권위에도 순종하지 않으면 안 된다. 왜냐하면 "하나님께로부터 나지 아니한 권세가 없기" 때문이다.

세상 권세들에 대해서 바울은 적극적으로 순종하라고 권고할 뿐 아니라 소극적으로는 반항하지 말라고 경고하고 있다. 권세들에 대항하는 자는 하나님 자신의 명령에 대항하는 것이며, 하나님의 위임 권위를 거절하는 자는 하나님 자신의 권위를 거절하는 것이다.

성경에 의하면, 권위란 독특한 성질을 갖고 있다. 하나님으로부터 나오지 아니한 권위는 없다. 권위에 대항하는 자는 하나님께 대항하는 것이며, 대항하는 자들은 심판을 초래한다. 거역에는 심판이 따른다. 권위에 대항하는 결과는 사망이다. 사람은 권위 문제에 있어서 일체 선택권이 없다.

아담 때에 하나님은 인간에게 온 땅의 통치권을 주셨다. 그러나 그들이 통치할 수 있었던 것은 살아 있는 피조물들이었다. 홍수 이후에 하나님은 노아에게 인간을 통치하는 능력을 주셨다. "무릇 사람의 피를 흘리면 사람이 그 피를 흘릴 것이니"(창 9 : 6)라고 하셨다. 그때부터 사람을 다스리는 권위가 사람에게 부여되었다. 그 이래로 인간 정부가 있게 되었고, 사람들이 그 아래 있게 되었다.

하나님은 백성들을 애굽에서 이끌어 내어 광야로 인도하신 후에 십계명과 기타 많은 규례들을 주셨다. 이 중에 한 규례는 이런 것이었다. "너는 재판장을 욕하지 말며 백성의 유사를 저주하지 말지니라"(출 22 : 28). 이것은 하나님께서 백성들을 유사들 아래 두셨음을 입증한다. 모세 때에도 권위를 거스른 이스라엘은 실제로 하나님을 거스르고 있었다.

비록 국가의 통치자들이 하나님을 불신하고 그들의 나라들이 사탄의 지배하에 있었지만, 권위의 원리는 변하지 않았다. 이스라엘이 하나님의 나라이며 다윗왕이 하나님에 의해 선택된 것과 마찬가지로, 바사의 왕도 하나님께서 세우셨다고 말할 수 있었다.

주께서 세상에 계실 때에는 대제사장의 권위는 물론 정부의 권위에도 순종하셨다. 주님은 세금을 내셨고, 사람들에게 "가이사의 것은 가이사에게 바치라"(마 22 : 21)고 가르치셨다. 심문을 당하실 때에도 대제사장이 살아 계신 하나님으로 맹세해서 그가 하나님의 아들 그리스도인지 말하라고 하자 즉시 이에 순종하셨다(마 26 : 63, 64). 주님은 이 모든 경우에 이 세상에서 그들이 권세자임을 인정하셨다. 우리 주님은 어떠한 거역에도 관계하지 않으셨다.

바울은 로마서 13장에서 권세를 잡고 있는 모든 사람이 하나님의 종임을 보여 준다. 우리는 국가나 인류의 권세자에게 순종해야 할 뿐 아니라 우리가 살고 있는 지방의 권세자에게 순종해야 한다. 우리는 단지 국적이 다르다는 이유로 지방 권세에 불복해서는 안 된다.

법은 선을 행하는 자에게 두려운 것이 아니라 악을 행하는 자에게 두려운 것이다. 국가간의 법률이 아무리 상이하다 할지라도 모두 하나님의 법에서 나온 것이다. 모든 하나님의 법의 기본 원리는 악한 자를 벌주고 선한 자를 포상하는 것이다. 모든 권세자들은 나름대로의 법을 가지고 있다. 그들의 직능은 선한 자를 칭찬하고 악한 자를 징계하는 법률을 집행하고 유지하는 것이다.

권세자들은 공연히 칼을 들고 있는 것이 아니다. 비록 어떤 권세자들은 악을 조장하며 선을 제압하고 있지만, 그래도 외면상으로는 악을 선으로, 선을 악이라 부르며 억지 주장이라도 내세운다. 그들은 악한 사람은 그 악으로 인해 높임을 받고 선한 사람은 그 선으로 인해 징벌을 받는다는 그릇된 주장을 감히 드러내 놓고 선포하지는 못한다.

현재까지 모든 권세자들이-적어도 원리상으로-따르고 있는 법칙이 있다. 그것은 다름아닌 선행자는 보상을 받고 악행자는 벌을 받는다는 법칙이다. 이 원리는 변경될 수 없다. 그러므로 하나님의 법은 유효한 것이다.

그러나 적그리스도인 불법자가 능력을 가지고 행세할 날이 올 것이다. 이 불법자는 율법의 모든 체계를 왜곡하며 공개적으로 선을 악이라 하고 악을 선이라고 부를 것이다. 그렇게 되면 선한 자는 죽음을 당하고 악한 자는 높임을 받을 것이다.

세상 권세에 대한 순종을 나타내는 상징은 4중적이다. 즉 누구에게 세금을 부과해야 하느냐, 누구에게 세입이 들어가야 하느냐, 누구에게 존경을 표해야 하느냐, 누구에게 명예를 돌려야 하느냐 하는 것이다.

그리스도인은 하나님의 진노를 피하기 위해서뿐만 아니라 양심을 위해서도 법에 순종해야 한다. 그리스도인이 불순종하면 양심이 그를 책망한다. 그러므로 우리는 지방 권세에 순종하는 것을 배우지 않으면 안 된다. 또한 하나님의 자녀들은 정부를 경솔하게 비판하거나 비난해서도 안 된다.

거리에 있는 경찰도 특수한 일을 담당하도록 하나님의 임명을 받은 사람이다. 세금 징수원이나 납세 조사자가 오면 어떤 태도로 대하는가? 우리는 그들을 하나님의 위임 권세자들로 여겨 그들의 말을 귀담아 듣는가? 그들에게 순종하고 있는가?

만일 하나님의 권위를 모른다면 순종하는 일은 참으로 어려운 일이다. 우리가 순종하려고 노력하면 할수록 그것은 더 어려워진다. "육체를 따라 더러운 정욕 가운데서 행하며 주관하는 이를 멸시하는 자들에게 특별히 형벌하실 줄을 아시느니라 이들은 담대하고 고집하여 떨지 않고 영광 있는 자를 훼방하거니와"(벧후 2:10).

얼마나 많은 사람들이 욕하고 헐뜯음으로써 능력을 잃고 생명을 상실하고 있는가! 사람들은 무정부 상태에 빠져서는 안 된다. 우리는 공의에 근거하여 하나님의 징계를 구해야 하지만, 부당하게 행해진 일을 하나님이 어떻게 다루시는가에 대해서는 지나치게 신경을 쓸 필요가 없다.

어쨌든 간에 권위에 반항하는 것은 하나님에 대한 반란이다. 만일 우리가 권위에 순종하지 않는다면, 적그리스도의 원리를 도와주는 셈이 된다. 불법의 비밀이 역사할 때 우리는 그 불법을 막는 자가 될 것인가, 아니면 돕는 자가 될 것인가?

2. 가정에서

아내들이여 자기 남편에게 복종하기를 주께 하듯 하라 이는 남편이 아내의 머리됨이 그리스도께서 교회의 머리됨과 같음이니……그러나 교회가 그리스도에게 하듯 아내들도 범사에 그 남편에게 복종할지니라(엡 5 : 22 – 24).
　자녀들아 너희 부모를 주 안에서 순종하라 이것이 옳으니라 네 아버지와 어머니를 공경하라 이것이 약속 있는 첫계명이니 이는 네가 잘되고 땅에서 장수하리라(엡 6 : 1 – 3).
　아내들아 남편에게 복종하라 이는 주 안에서 마땅하니라……자녀들아 모든 일에 부모에게 순종하라 이는 주 안에서 기쁘게 하는 것이니라……종들아 모든 일에 육신의 상전들에게 순종하되 사람을 기쁘게 하는 자와 같이 눈가림만 하지 말고 오직 주를 두려워하여 성실한 마음으로 하라(골 3 : 18, 20, 22).

　하나님께서는 가정에서도 권위를 세우신다. 그러나 많은 하나님의 자녀들이 이 가정의 영역에 대해서는 충분한 주의를 기울이지 않는다. 가장 영적인 서신이라고 하는 에베소서와 골로새서 같은 서신들은 이 문제를 간과하지 않고 있다. 이 서신들은 가정에서 순종할 것을 명확하게 언급하고 있다. 가정에서의 순종이 없이는 하나님을 섬기는 데 어려움이 있을 것이다.
　디모데전서와 디도서는 사역의 주제를 다루고 있으나, 사역에 영향을 미치는 가정의 문제도 언급하고 있다. 베드로전서는 나라를 강조하나, 역시 가정의 권위에 반항하는 것을 나라에 반항하는 것으로 간주하고 있다. 일단 가족의 일원들이 권위를 알게 되면 많은 가정의 문제들이 깨끗이 사라질 것이다.
　하나님은 남편을 그리스도의 위임 권위로 세우시고, 아내를 교회의 표본으로 세우셨다. 아내가 하나님께서 남편에게 위임하신 권위를 알지 못하면, 남편에게 순종하기란 여간 힘든 일이 아니다. 실질적인 문제는 남편이 아니라 하나님의 권위라는 사실을 아내는 인식하고 있어야 한다.

"저들로 젊은 여자들을 교훈하되 그 남편과 자녀를 사랑하며 근신하며 순전하며 집안 일을 하며 선하며 자기 남편에게 복종하게 하라 이는 하나님의 말씀이 훼방을 받지 않게 하려 함이니라"(딛 2:4, 5). "아내 된 자들아 이와 같이 자기 남편에게 순복하라 이는 혹 도를 순종치 않는 자라도 말로 말미암지 않고 그 아내의 행위로 말미암아 구원을 얻게 하려 함이니"(벧전 3:1). "전에 하나님께 소망을 두었던 거룩한 부녀들도 이와 같이 자기 남편에게 순복함으로 자기를 단장하였나니 사라가 아브라함을 주라 칭하여 복종한 것같이"(벧전 3:5, 6).

"자녀들아 너희 부모를 주 안에서 순종하라"(엡 6:1). 이는 하나님께서 부모를 권위자로 세우셨기 때문이다. "네 아버지와 어머니를 공경하라……이는 네가 잘되고 땅에서 장수하리라"(엡 6:2, 3). 이것은 특별한 약속을 지닌 십계명의 한 계명이기도 하다.

혹자는 효도를 하지 못해 일찍 죽는가 하면, 혹자는 부모와의 관계를 회복함으로써 고침을 받기도 한다. "자녀들아 모든 일에 부모에게 순종하라 이는 주 안에서 기쁘게 하는 것이니라"(골 3:20). 부모에게 순종하려면 하나님의 권위를 알아야 한다.

> 종들아 두려워하고 떨며 성실한 마음으로 육체의 상전에게 순종하기를 그리스도께 하듯 하여 눈가림만 하여 사람을 기쁘게 하는 자처럼 하지 말고 그리스도의 종들처럼 마음으로 하나님의 뜻을 행하여 단 마음으로 섬기기를 주께 하듯 하고 사람들에게 하듯 하지 말라(엡 6:5-7).

무릇 멍에 아래 있는 종들은 자기 상전들을 범사에 마땅히 공경할 자로 알지니 이는 하나님의 이름과 교훈으로 훼방을 받지 않게 하려 함이라(딤전 6:1).
　종들로는 자기 상전들에게 범사에 순종하여 기쁘게 하고 거스려 말하지 말며 떼어먹지 말고 오직 선한 충성을 다하게 하라 이는 범사에 우리 구주 하나님의 교훈을 빛나게 하려 함이라(딛 2:9, 10).

　우리가 삶 가운데서 주님의 권위를 존중하면 다른 사람들도 우리 안에 있는 주님의 권위를 존경할 것이다. 베드로와 바울이 이런 말들을 할 당시에 노예 제도는 로마 제국에서 최악의 상태에 있었다. 노예 제도가 정당하냐 부당하냐의 문제는 지금 우리가 생각할 문제가 아니다. 다만 하나님께서는 종들이 주인의 명령에 순종하도록 규정하셨다는 것을 말하고자 한다.

3. 교회에서

　형제들아 우리가 너희에게 구하노니 너희 가운데서 수고하고 주 안에서 너희를 다스리며 권하는 자들을 너희가 알고 저의 역사로 말미암아 사랑 안에서 가장 귀히 여기며 너희끼리 화목하라(살전 5:12-13).
　잘 다스리는 장로들을 배나 존경할 자로 알되 말씀과 가르침에 수고하는 이들을 더할 것이니라(딤전 5:17).
　형제들아 스데바나의 집은 곧 아가야의 첫 열매요 또 성도 섬기기로 작정한 줄을 너희가 아는지라 내가 너희를 권하노니 이 같은 자들과 또 함께 일하며 수고하는 모든 자에게 복종하라(고전 16:15, 16).

하나님께서는 교회에도 권위를 두셨다. 그들은 "잘 다스리는 장로들"과 "말씀과 가르침에 수고하는 이들"이다. 누구든지 이 사람들에게 반드시 복종해야 한다. 연소자는 연장자에게 순종하는 것을 배워야 한다. 사도는 고린도 교인들에게 권고하기를, 스데바나와 같은 사람들을 특별히 공경하라고 했는데, 그의 가정은 아가야의 첫 열매였으며 그는 매우 겸손하게 성도를 섬기고자 했다.

교회에서 여자들은 남자들에게 순종해야만 한다. "그러나 나는 너희가 알기를 원하노니 각 남자의 머리는 그리스도요 여자의 머리는 남자요 그리스도의 머리는 하나님이시라"(고전 11:3). 하나님은 남자들은 권위자이신 그리스도를 대표하고 여자들은 순종하는 교회를 대표하도록 하셨다. 그러므로 여자들은 천사들을 인하여 머리에 수건(권위－헬라어)을 써야 한다(고전 11:10). 여자들은 남편에게 반드시 순종해야 한다.

"모든 성도의 교회에서 함과 같이 여자는 교회에서 잠잠하라 저희의 말하는 것을 허락함이 없나니 율법에 이른 것같이 오직 복종할 것이요 만일 무엇을 배우려거든 집에서 자기 남편에게 물을지니라"(고전 14:34-35). 어떤 자매들은 가령 남편들이 아내의 질문에 답을 해줄 수 없다면 어떻게 하느냐고 묻기도 한다.

그러나 하나님께서 물으라고 말씀하시니 물으라. 모르던 남편도 계속 질문을 받으면 알려고 노력할 것이기 때문에 조금만 지나면 알게 될 것이다. 이렇게 해서 여자들은 자신뿐 아니라 남편들에게도 유익을 주게 된다. "여자는 일절 순종함으로 종용히 배우라 여자의 가르치는 것과 남자를 주관하는 것을 허락지 아니하노니 오직 종용할지니라 이는 아담이 먼저 지음을 받고 이와가 그 후며"(딤전 2:11-13).

"다 서로 겸손으로 허리를 동이라"(벧전 5:5). 누구든지 자기의 지위와 권위를 의식적으로 과시하는 일은 심히 수치스러운 일이다.

하나님은 또한 영적 세계에도 권세들을 세우셨다. "육체를 따라 더러운 정욕 가운데서 행하며 주관하는 이를 멸시하는 자들에게 특별히 형벌하실 줄을 아시느니라 이들은 담대하고 고집하여 떨지 않고 영광 있는 자를 훼방하거니와 더 큰 힘과 능력을 가진 천사들이라도 주 앞에서 저희를 거스려 훼방하는 송사를 하지 아니하느니라"(벧후 2 : 10-11).

여기에 매우 중요한 사실이 있다. 즉 영적 세계에는 천사들마저도 예속되어 있는 권세들과 영광 있는 자들이 있다. 그들 중 일부는 타락했지만, 천사들도 감히 그들을 비난하지 못했다. 왜냐하면 한때 그들이 천사들보다 더 위에 있었기 때문이다. 그들이 타락한 후에도 우리는 그 타락의 사실을 이야기할 수는 있을지 몰라도 송사는 할 수 없다. 송사하는 것은 곧 비난을 퍼붓는 일이기 때문이다.

"천사장 미가엘이 모세의 시체에 대하여 마귀와 다투어 변론할 때에 감히 훼방하는 판결을 쓰지 못하고 다만 말하되 주께서 너를 꾸짖으시기를 원하노라"(유 9절). 왜 그렇게 했는가? 한때 하나님은 계명성(Lucifer)을 천사장의 우두머리로 삼으셨고, 천사장의 하나인 미가엘은 계명성의 권위 아래 있었기 때문이다.

후에 미가엘은 하나님께 순종하여, 어느 날인가 모세가 죽은 자 가운데서 일어나도록 되어 있었기 때문에(아마 변화산상에서) 모세의 시체를 찾았다. 미가엘이 사탄에게 방해를 받았을 때 그도 반항하는 정신으로 그 반항하는 자를 대항하면서 입을 열어 그를 비난할 수도 있었다. 그러나 미가엘은 감히 그렇게 하지 않았다.

그가 한 말은 단지 "주께서 너를 꾸짖으시기를 원하노라"는 것이었다. (우리 인간들의 경우에는 이야기가 달라진다. 왜냐하면 하나님은 인간을 결코 사탄의 권세 아래 두지 않으셨기 때문이다. 비록 한때는 우리가 사탄의 통치하에 들어갔지만, 결코 그의 권세 아래 있지는 않았다.)

이와 같은 원리로, 다윗도 한동안 사울의 위임 권위에 순종했었다. 그 후에도 다윗은 감히 사울의 쇠퇴하는 권위마저도 뒤엎지 않았다. 영적 세계에서 위임 권위는 얼마나 고귀한 것인가! 절대 그 권위를 무시해서는 안 된다. 위임 권위를 비난하는 것은 영적 능력의 상실을 초래할 뿐이다.

우리의 생애에서 한 번이라도 권위를 만난다면, 그때부터는 어디에서나 하나님의 권위를 볼 수 있을 것이다. 어디를 가든지 제일 먼저 물어보는 말은, "나는 누구에게 순종해야 하는가? 누구의 말을 들어야 하는가?"일 것이다.

그리스도인은 두 가지 의식을 갖고 있어야 한다. 그것은 죄의식과 권위 의식이다. 두 형제가 함께 상의할 때에도, 비록 각자가 자신의 의견을 말하겠지만 결국 한 사람이 최종 결정을 내리게 되어 있다.

사도행전 15장에 보면 한 회의가 있었다. 나이를 불문하고 다 일어나서 말을 했다. 모든 형제가 제각기 자기 의견을 말할 수 있었다. 그러나 베드로와 바울이 말을 끝낸 후에, 야고보가 일어나서 결정을 내렸다. 베드로와 바울은 다만 사실을 이야기했을 뿐이고, 야고보가 결판을 지었다.

장로들과 사도들 사이에도 서열이 있었다. 바울은 "나는 사도 중에 지극히 작은 자라"(고전 15:9)고 했다. 어떤 사도들은 더 크고, 어떤 사도들은 더 작다. 이런 서열은 사람이 정한 것이 아니다. 그래도 각 사람은 자기가 서 있는 자리를 알 필요가 있다.

이것은 얼마나 멋진 간증이며 아름다운 장면인가! 사탄이 겁내는 것이 바로 이것이다. 결국 이것이 사탄의 왕국을 파멸시킬 것이기 때문이다. 우리 모두가 순종의 길에 선 후에 하나님은 세상을 심판하러 오실 것이다.

두려워 말고 위임 권위에 순복하라

권세를 설정함에 있어서 하나님은 얼마나 큰 모험을 하셨는가! 만일 하나님이 정하신 위임 권위가 하나님을 제대로 대표하지 못한다면 얼마나 큰 손실을 초래하겠는가! 그러나 하나님은 과감하게 권세들을 세우셨다. 하나님께서 권세들을 세우시는 것보다 우리가 그 권세들에게 두려움 없이 복종하는 일이 훨씬 더 쉬울 것이다. 하나님께서 친히 조금도 주저함 없이 권위를 사람들에게 위탁하셨는데, 우리가 그 권위를 맡은 사람에게 안심하고 순종하지 못할 이유가 어디 있는가?

하나님께서 담대하게 권세들을 제정하신 것처럼 우리도 용기를 가지고 그들에게 순종하자. 무슨 일이 잘못될 경우, 과실은 우리에게 있는 것이 아니라 그 권세들에게 있다. 이는 주님께서 이렇게 선포하셨기 때문이다. "각 사람은 위에 있는 권세들에게 굴복하라"(롬 13 : 1).

"누구든지 내 이름으로 이 어린아이를 영접하면 곧 나를 영접함이요"(눅 9 : 48). 주님이 아버지를 대표하시는 것은 문제가 없다. 아버지께서는 주님을 신뢰하셨고, 우리에게 아버지를 의지하듯이 주님을 의지하라고 하신다. 그러나 주님이 보시기에는 이 어린이들도 주님을 대표하고 있다. 주님은 이 어린아이들을 믿으시며, 우리에게 주님을 영접하듯이 이 어린이들을 영접하라고 권고하신다.

주님이 제자들을 파송하면서 말씀하시기를 "너희 말을 듣는 자는 곧 내 말을 듣는 것이요"(눅 10 : 16)라고 하셨다. 이 제자들이 말하는 것이나 결정하는 것은 주님을 대표하는 것으로 간주되었다. 주님은 제자들에게 주님의 권위를 위임하시는 데 있어서 얼마나 담대하셨던가! 주님은 제자들이 주님의 이름으로 말하는 모든 말을 다 인정하셨다. 따라서 제자들을 거역하는 사람들은 곧 주님을 거역하는 것이었다.

주님은 제자들에게 부주의하게 말하지 말라고 미리 주의를 주지 않으셨다. 주님은 제자들이 그릇 행할까봐 전혀 염려하지 않으셨다. 주님은 믿음으로 담대하게 자신의 권위를 제자들에게 위임하셨다.

그러나 유대인들은 달랐다. 그들은 의심하며 이렇게 물었다. "어떻게 이럴 수가 있는가? 당신이 한 말이 옳다는 것을 어떻게 우리가 확신할 수 있는가? 우리는 생각할 시간이 필요하다." 그들은 담대히 믿지 못했으며 많이 두려워하였다.

가령 당신이 어느 기관의 기관장이라고 가정해 보자. 당신이 어떤 대리인을 파송할 경우에는, 그가 최선의 판단에 따라 한 일을 당신이 다 인정해 주며, 또한 그의 말을 듣는 사람들은 곧 당신의 말을 듣는 것으로 간주할 것이라고 일러 줄 것이다. 그런데 분명히 당신은 그가 실수를 범하지 않도록 기관장인 당신에게 매일 결과를 보고하도록 요구할 것이다.

그러나 주님은 우리를 전권 대사로 삼으셨다. 주님은 우리를 얼마나 믿고 계시는가! 주님이 위임 권위를 그토록 신뢰하시는데 우리가 그보다 덜 신뢰한다는 것이 말이 되는 일인가?

어쩌면 사람들은 이렇게 논쟁할지도 모른다. "만일 권위가 옳지 못할 경우에는 어떻게 하는가?" 그 대답은 이렇다. 하나님께서 담대하게 그의 권위를 인간들에게 맡기신다면, 우리는 담대하게 순종할 수 있다. 권위를 받은 사람의 옳은지 옳지 않은지는 우리가 관여할 바가 아니다. 권위를 받은 자는 하나님께 직접적으로 책임이 있기 때문이다.

순종할 자는 순종만 하면 된다. 주님은 우리에게 잘못된 권위에 순종한 것에 대한 책임을 묻지 않으실 것이며, 오히려 위임 권위자에게 그의 그릇된 행동에 대한 책임을 물으실 것이다. 불순종은 반항이며, 권위 아래 있는 자는 이런 반항에 대해 하나님 앞에서 핑계대지 못한다.

그러므로 이러한 권위의 문제에는 인간적인 요소가 내포되지 않은 것이 분명하다. 만일 우리의 순종이 단순히 한 사람에게 향한 것이라면, 권위의 모든 의미는 상실된다. 하나님께서 하나님의 위임 권위를 제정하실 때는 하나님의 명예를 위하여 꼭 그 권위를 유지하지 않으면 안 된다. 우리는 이 문제에 대해 각자 하나님 앞에서 책임을 져야 한다. 실수하지 않도록 각별히 유의하자.

위임 권위를 거역함은 하나님을 모욕하는 것이다

누가복음 20:9-16에 기록된 모든 비유는 위임 권위의 문제에 초점을 맞추고 있다. 하나님은 포도원을 소작 농부들에게 세로 준 후에 그 몫을 받기 위해 한 번도 몸소 오지 않으셨다. 그는 세 번까지 종들을 보내고 네번째는 친아들을 보내셨다. 이들 모두가 하나님의 대리인들이었다. 하나님은 농부들이 그의 위임 권위에 순종하는지의 여부를 알아보기 원하셨다. 그래서 직접 가서 거두실 수도 있었는데, 위임 권위자들을 파송하신 것이다.

하나님께서 보실 때, 하나님의 종들을 거역하는 사람들은 곧 하나님 자신을 거역하는 것이다. 우리가 하나님의 말씀은 들으면서 그의 위임 권위자들의 말은 듣지 않는다는 것은 있을 수 없는 일이다. 만일 우리가 하나님의 권위에 순종한다면, 하나님의 위임 권위에도 순종해야 한다.

사도행전 9:4-15은 주님의 직접적인 권위를 보여 주고 있으며, 성경의 여러 곳에서는 하나님이 사람들에게 위임하신 권위를 예시하고 있다. 하나님께서는 자신의 거의 모든 권위를 사람들에게 다 위임하셨다고 말할 수도 있다. 사람들은 흔히 자신이 단지 다른 사람들에게 순종하고 있다고 생각할지도 모른다. 그러나 권위를 아는 사람들은 이 다른 사람들이 하나님의 위임 권위자들임을 안다.

하나님의 직접적인 권위에 순종하는 데는 겸손이 필요하지 않지만, 위임 권위에 순종하려면 낮아지고 깨져야 한다. 육을 완전히 제거하지 않으면, 하나님의 위임 권위를 받을 수도 없고 그 권위에 귀를 기울일 수도 없다. 우리는 주인이 직접 오지 않고 그의 위임 권위자들을 보내어 소출을 거두신다는 것을 알 것이다.

그러면 하나님에 대한 우리의 태도는 어떠해야 하는가? 우리는 하나님이 친히 오실 때까지 기다려야 하는가? 하나님이 나타나실 때에는 소출을 거두러 오시는 것이 아니라 심판하러 오신다는 사실을 꼭 기억하기 바란다.

주님은 바울이 거역했을 때 어떻게 가시채를 뒷발질했는지를 보여 주셨다. 그러나 일단 바울이 빛을 보고 권위를 본 후에는 "주여, 내가 어찌해야 하오리까?" 하고 물었다. 그는 이렇게 함으로써 자기 자신을 주님의 직접적인 권위 아래 두었다. 그럼에도 불구하고 주님은 곧 바울을 하나님의 위임 권위에 맡기셨다. "네가 일어나 성으로 들어가라 행할 것을 네게 이를 자가 있느니라"(행 9:6).

여기서부터 바울은 권위를 인식했다. 그는 자신도 예외가 아니라고 생각했기에, 주님이 친히 자기에게 하라고 명하시는 것을 그대로 듣고 순종하려 했다. 주님은 바울과의 이 첫 만남에서 그를 주님의 위임 권위 아래 두셨다. 우리는 어떠한가? 우리는 주님을 믿어 왔지만, 위임 권위에 얼마나 많이 순종해 왔는가? 우리는 얼마나 많은 위임 권위에 순복하였는가?

과거에는 하나님이 우리의 허물들을 간과하셨다. 그것은 우리가 무지했기 때문이다. 그러나 지금 우리는 하나님의 위임 권위에 대해 진지해야 한다. 하나님이 강조하시는 것은 하나님 자신의 직접적인 권위가 아니라 하나님이 세우신 간접 권위들이다. 하나님의 간접 권위에 불순종하는 사람들은 모두 하나님의 직접 권위에도 불순종하는 것이다.

우리는 설명의 편의상 직접 권위와 위임 권위를 구별하는 것이다. 그러나 하나님에게는 오직 하나의 권위가 있을 뿐이다. 우리는 가정에서나 교회에서 권위들을 멸시하지 말자. 모든 위임 권위들을 소홀히 여기지 말자. 비록 바울은 눈이 멀었지만 그의 내적인 눈은 크게 열려 아나니아를 기다리고 있었다. 아나니아를 보는 것은 주님을 보는 것과 같았다. 아나니아의 말을 듣는 것은 주님의 말씀을 듣는 것과 같았다.

위임 권위란 참으로 중대한 것이므로, 그것을 위반하는 자는 하나님과 화목할 수 없다. 위임 권위로부터 빛을 받기를 거절하는 사람은 주님으로부터 직접 빛을 얻으리라고 기대할 수 없다. 바울은 이렇게 따지지 않았다. "고넬료가 베드로를 요청했을진대, 나도 베드로 아니면 야고보를 요청하겠습니다. 이 아나니아라는 작은 형제를 나의 권위자로 두고 싶지는 않습니다."

우리가 위임 권위를 거절하면서 하나님께 직접적으로 순종하고 있다고 말할 수는 없다. 그렇게 하는 것은 불가능하다. 전자를 거절하는 것은 후자를 거절하는 것과 똑같다. 오직 어리석은 자만이 위임 권위의 실패를 기뻐한다. 하나님의 위임 권위를 싫어하는 사람은 하나님 자신을 싫어하는 것이다. 하나님께서 정하신 위임 권위에는 순종하지 않으면서 하나님의 직접적인 권위에는 순종하기 원하는 것은 인간의 반항적인 성품에서 나오는 것이다.

하나님은 하나님의 위임 권위를 존중하신다

민수기 30장은 여인의 서원 또는 서약의 문제를 다루고 있다. 여인이 어려서 그 아버지 집에 있을 때에 아버지가 그 여자의 서원이나 서약을 듣고도 아무 말이 없으면 서약한 대로 이행된다. 만일 여자가 결혼을 했을 경우, 그 여자의 서원은 결혼한 남편에 의해 인정되거나 거절되거나 해야 한다. 직접 권위는 위임 권위가 동의하는 것을 실행하고, 위임 권위가 취소하는 것은 취소한다. 하나님은 자신의 권위를 위임하기를 좋아하시며, 하나님 또한 자신의 위임 권위자를 존중하신다.

여자가 자기 남편의 권위 아래 있을 경우에 하나님은 그 여자가 서원을 지키는 것보다도 남편의 권위에 순종하도록 하였다. 그러나 만일 위임 권위자로서의 남편이 과실을 범하면, 하나님은 분명하게 그 남편을 다루신다. 왜냐하면 그 남편은 자기 아내의 잘못에 대해서도 책임을 져야 하기 때문이다. 여인에게는 책임이 없다.

민수기 30장의 이 부분은 우리가 하나님의 권위에 순종하기 위해 위임 권위를 무시할 수 없다는 것을 말해 주고 있다. 하나님께서 사람들에게 그의 권위를 위임하신 이상, 하나님 자신이 위임 권위를 대신하지는 않으신다. 오히려 하나님은 하나님이 위임하신 권위를 따르신다. 즉 하나님은 위임 권위가 허락한 것은 허락하고 위임 권위가 취소한 것은 취소하신다.

하나님은 언제나 하나님이 위임하신 권위를 지지하신다. 그러므로 우리는 선택의 여지가 없고, 다만 정부의 권위에 순종해야 한다.

신약 전체는 위임 권위의 배후에 있다. 단 하나의 예외가 사도행전

5 : 29에 나온다. 주 예수의 이름으로 가르치는 것을 금했던 유대인의 공회에서 베드로와 사도들은 "사람보다 하나님을 순종하는 것이 마땅하니라"고 대답했다. 이것은 위임 권위가 명백하게 하나님의 명령을 어기고 주님의 인격에 반하는 죄를 범했기 때문이다.

이와 같은 베드로의 대답은 오직 이런 특수한 상황에서만 적용될 수 있는 것이다. 이를 제외한 모든 상황에서 우리는 위임 권위에 순종하는 것을 배워야 한다. 거역을 통해 순종에 이를 수는 없다.

8
몸된 교회의 권위

몸은 하나인데 많은 지체가 있고 몸의 지체가 많으나 한 몸임과 같이 그리스도도 그러하니라 우리가 유대인이나 헬라인이나 종이나 자유자나 다 한 성령으로 세례를 받아 한 몸이 되었고 또 다 한 성령을 마시게 하셨느니라 몸은 한 지체뿐 아니요 여럿이니 만일 발이 이르되 나는 손이 아니니 몸에 붙지 아니하였다 할지라도 이로 인하여 몸에 붙지 아니한 것이 아니요 또 귀가 이르되 나는 눈이 아니니 몸에 붙지 아니하였다 할지라도 이로 인하여 몸에 붙지 아니한 것이 아니니 만일 온 몸이 눈이면 듣는 곳은 어디며 온 몸이 듣는 곳이면 냄새 맡는 곳은 어디뇨 그러나 이제 하나님이 그 원하시는 대로 지체를 각각 몸에 두셨으니 만일 다 한 지체뿐이면 몸은 어디뇨 이제 지체는 많으나 몸은 하나라 눈이 손더러 내가 너를 쓸데없다 하거나 또한 머리가 발더러 내가 너를 쓸데없다 하거나 하지 못하리라 (고전 12:12-21).

네 형제가 죄를 범하거든 가서 너와 그 사람과만 상대하여 권고하라 만일 들으면 네가 네 형제를 얻은 것이요 만일 듣지 않거든 한두 사람을 데리고 가서 두세 증인의 입으로 말마다 증참케 하라 만일 그들의 말도 듣지 않거든 교회에 말하고 교회의 말도 듣지 않거든 이방인과 세리와 같이 여기라 진실로 너희에게 이르노니 무엇이든지 너희가 땅에서 매면 하늘에서도 매일 것이요 무엇이든지 땅에서 풀면 하늘에서도 풀리리라(마 18:15-18).

권위는 몸된 교회에서 가장 완전하게 나타난다

하나님의 권위는 그리스도의 몸된 교회에서 가장 완전하게 나타난다. 비록 하나님께서 이 세상에 권위의 절차를 제정하시기는 했지만, 이 세상의 어느 관계도(통치자와 백성, 부모와 자녀, 남편과 아내, 주인과 종) 권위를 가장 완전하게 나타내지는 못한다.

세상의 많은 다스리는 권세들은 모두 제도화되어 있기 때문에, 진정한 마음으로 순종하지 않으면서 외적으로만 순종을 나타내 보일 가능성이 언제나 있다. 그래서 사람들이 진정으로 통치자의 명령을 따르고 있는지 다만 말로만 순종하고 있는지 알아낼 방도가 없다.

또 자녀들이 부모의 말을 진정한 마음으로 듣고 있는지 그렇지 않은지를 구별하는 것도 마찬가지로 어렵다. 그런즉 권위에 대한 순종은 자녀들이 부모에게 순종하는 것이나 종이 주인에게 순종하는 것 또는 백성이 통치자에게 순종하는 것으로 대표될 수 없다.

하나님의 권위는 순종이 없이는 세워질 수 없지만, 그 순종이 마음에서부터 우러나오는 순종이 아닌 경우에도 마찬가지로 세워질 수 없다. 이런 모든 외적 순종의 예들은 인간 관계의 범주 안에 들어 있다. 그것들은 일시적이고 파괴되기 쉽다. 그러므로 절대적이고 완전한 순종은 그런 관계들 속에서 발견될 수 없는 것이 분명하다.

오직 그리스도와 교회의 관계만이 권위와 순종을 완전하게 나타낼 수 있다. 하나님은 교회를 생명이 없는 하나의 조직체로 부르지 않으셨다. 하나님은 교회를 그리스도의 몸으로 정하셨다. 우리는 흔히 교회를 같은 믿음을 가진 신자들의 모임 또는 사랑하는 마음을 가진 사람들의 단체로 생각하기 쉽다.

그러나 하나님께서는 교회를 다르게 보신다. 교회는 같은 믿음과 연합된 사랑을 나타낼 뿐만 아니라 더 나아가서 하나의 몸을 나타내는 것이다.

교회는 그리스도의 몸이요, 그리스도는 교회의 머리이시다. 부모와 자녀의 관계, 주인과 종의 관계, 남편과 아내의 관계는 단절될 수도 있지만, 신체의 몸과 머리는 분리될 수 없다. 그들은 영원히 하나이다. 이와 마찬가지로 그리스도와 교회는 결코 떨어질 수 없다. 그리스도와 교회 안에서 발견되는 권위와 순종은 온전한 것으로, 다른 모든 권위와 순종의 관계를 능가한다.

부모는 자녀들을 사랑하지만, 자칫하면 부모의 권위를 잘못 행사하기 쉽다. 마찬가지로 정부도 잘못된 명령을 내릴 수 있으며, 주인들도 권위를 남용할 수 있다. 이 세상에서는 순종은 물론 권위도 모두 불완전하다. 고로 하나님은 머리와 몸인 그리스도와 교회 안에서 완전한 권위와 완전한 순종을 세우기 원하셨다. 부모도 때로는 자녀들에게 상처를 입힐 수 있고, 남편은 아내에게, 주인은 종에게, 정부는 백성들에게 해를 입힐 수 있다.

그러나 머리가 그 몸을 상하게 하는 경우는 없다. 머리의 권위는 실수를 범하지 않는다. 그것은 완전하다. 마찬가지로 머리에 대한 몸의 순종도 완전하다. 머리가 어떤 생각을 품으면 손가락은 자연스럽게 조화를 이루어 소리 없이 움직인다. 우리를 향한 하나님의 뜻은 온전히 순종하는 것이다. 하나님은 몸이 머리에 순종하는 만큼 우리가 순종하기 전에는 결코 만족하지 않으신다.

이것은 남편과 아내의 관계에서 나타날 수 없는 것이다. 남편과 아내는 개별적인 존재이기 때문이다. 그러나 그리스도 안에서 이 둘은 하나이다. 즉 그리스도는 권위인 동시에 순종이다. 권위와 순종은 그리스도 안에서 하나이다. 이것은 세상과 다르다. 세상에서는 권위와 순종이 두 개의 분리된 사실이다. 그러나 몸과 머리는 그렇지 않다. 몸을 움직이기 위해서 머리는 별로 노력하지 않아도 된다. 즉 몸은 머리에서 극히 작은 자극만 주어도 잘 움직인다.

　이것이 하나님을 만족시키는 순종의 형태다. 이런 순종은 자녀들이 부모에게, 아내가 남편에게 하는 순종과 다르다. 이것은 몸이 그 머리에 순종하는 것과 같은 순종이다. 이것은 강제로 복종시키는 것과 얼마나 다른가!

　순종에 관해서 좀더 배우고 나면 하나님의 명령과 하나님의 뜻의 차이점을 알게 될 것이다. 하나님의 명령은 하나님이 언급하신 말씀이며, 하나님의 뜻은 하나님의 마음속에 품으신 생각이다. 명령은 언급되어야 하나 뜻은 침묵 상태로 있을 수 있다. 주 예수님은 하나님의 뜻과 하나님의 말씀에 따라서 행동하셨다.

　마찬가지로 하나님은 그리스도와 교회의 관계가 하나님과 그리스도의 관계와 같은 형태가 될 때까지 백성들 안에서 계속 역사하신다. 하나님은 그리스도께서 하나님께 순종한 것처럼, 우리가 그리스도께 순종할 때까지 계속 역사하셔야 한다.

　하나님의 사역의 첫번째 과제는 하나님 자신을 그리스도의 머리로 만드시는 일이며, 두번째 과제는 그리스도를 교회의 머리로 만드시는 일이다. 우리가 성령님에 의해 징계를 받지 않고도 즉각적으로 하나님의 뜻에 순종하게 될 때까지 하나님은 계속 역사하실 것이다.

　다음 세번째 과제는 이 세상 나라를 우리 주와 그리스도의 나라로 만드시는 일이다. 첫째 과제는 이미 성취되었고, 셋째 과제는 앞으로 성취될 것이다. 오늘날 우리는 중간 단계에 있다. 셋째 과제를 성취하려면 이 둘째 과제의 성취가 필수적이다.

　자, 이제 우리는 하나님께서 우리 안에서 일을 행하실 수 있도록 순종할 것인가, 아니면 불순종해서 하나님의 사역을 방해할 것인가? 하나님은 우주 안에 하나님의 권위를 세우기 위해 노력해 오셨다. 이것의 열쇠가 교회다. 교회가 중간에 서서 축의 구실을 하고 있다. 그러한 가운데서 하나님은 우리를 더 많은 영광으로 옷입히신다. 우리 어깨에는 권위를 나타내야 할 책임이 있다.

몸이 머리에 순종하는 것은 가장 자연스럽고 합당한 일이다

하나님은 머리와 몸이 하나의 생명과 하나의 성질을 공유하도록 만드셨다. 고로 몸이 머리에 순종하는 것은 가장 자연스러운 일이다. 실로 이런 관계에서 불순종한다는 것은 정상이 아니다. 예를 들어, 머리의 지시를 받고 손을 위로 올리는 것은 정상이다. 손이 반응하지 않으면 무엇인가 잘못된 것이다.

마찬가지로 하나님께서 우리에게 주신 생명의 영은 하나이며, 주님의 것과 동일한 것이다. 따라서 우리의 생명의 본질은 주님의 생명과 동일하다. 거기에는 불일치와 불순종이 있을 수 없다.

우리의 신체인 몸에서도 어떤 운동은 의식적인 반면에 어떤 운동은 무의식적으로 일어난다. 왜냐하면 머리와 몸은 너무도 밀접하게 결합되어 있어서, 순종에는 의식적인 순종과 무의식적인 순종이 다 포함되어 있기 때문이다.

예를 들면, 사람들은 의식적으로 깊은 호흡을 할 수도 있고, 의식적인 노력 없이 자연스럽게 호흡을 할 수도 있다. 우리의 심장은 자동적으로 움직인다. 심장의 고동은 어떤 명령을 기다리지 않는다. 이것이 생명의 순종이다. 머리는 몸의 순종을 요구하되, 큰소리를 내거나 강제로 요구하지 않는다. 머리와 몸은 어떤 갈등도 없으며 온전한 조화를 이루고 있다.

그러나 오늘날 많은 사람들은 오로지 명령에만 순종하려 하는데, 그것만으로는 충분치 못하다. 왜냐하면 명령의 배후에는 뜻이 있고, 뜻 안에는 생명의 법칙이 있기 때문이다. 온전한 순종은 오직 생명의 법칙에 순종하는 것이다. 몸이 머리에 순종하는 것처럼 자연스럽지 못한 순종은 참된 순종으로 볼 수 없다. 억지로 하는 순종은 참된 순종의 표준에 미치지 못한다.

주님은 우리를 주님의 몸 안에 두시고 거기서 온전한 연합과 완전한 순종을 이루게 하신다. 몸의 지체들 안에서 역사하시는 성령의 뜻을 알게 되면 참으로 놀랍다. 그는 지체들간의 유대 관계가 너무도 긴밀하고 조화를 이루고 있어서 그들이 다른 지체들이라는 것도 의식하지 못한다.

때때로 우리는 상이한 지체들의 기능을 조정하기 위해 특별히 생각할 필요조차 없다. 지체들간의 조화는 실로 인간의 언어로 설명하기 어렵다. 그러나 우리 각 사람은 병들고 마찰을 일으키는 지체가 되지 않도록 주의하자. 우리는 하나님의 권위 아래 살고 있으므로 가장 자연스럽게 복종할 수 있어야 한다.

요컨대, 교회는 형제 자매들의 친교를 위한 장소일 뿐만 아니라 권위를 구현하는 곳이기도 하다.

지체들의 권위를 거역하는 것은 머리를 거역하는 것이다

때로는 몸의 권위가 직접적으로 나타나기도 하지만, 간접적으로 나타나는 경우가 많다. 몸은 머리에 예속되어 있을 뿐 아니라 몸의 다양한 지체들은 피차 도우며 피차 종노릇하게 되어 있다. 왼손과 오른손은 직접적으로 의사 소통을 하지 않는다. 그들을 움직이는 것은 머리이다. 왼손이 오른손을 다스리는 위치에 있지 않으며, 오른손 역시 왼손을 다스리는 위치에 있지 않다. 또한 손은 눈에게 보라고 명령할 수 없으며, 다만 머리에 통보해서 머리로 하여금 눈에 명령을 내리도록 할 뿐이다.

그러므로 모든 다양한 지체들은 동일하게 머리와 밀접한 관계에 있는 것이다. 지체가 하는 모든 일은 머리에서 기인한다. 내 눈이 볼 때, 보는 주체는 나다. 걷는 것이나 일하는 것도 마찬가지다. 그러기에 흔히 우리는 지체의 판단을 머리의 판단이라고 단정짓는다. 손은 그 자체로는 볼 수 없으므로, 눈의 판단을 받아들여야 한다. 손이 머리에게 보라고 요청하거나 스스로 보게 해 달라고 요청하는 것은 잘못된 것이다.

바로 여기에 하나님의 자녀들이 흔히 범하는 과오가 있다. 우리는 다른 지체들에게 머리의 권위가 있음을 인정해야 한다. 각 지체의 기능은 제한되어 있다. 눈은 보는 기능을 하며, 손은 일하는 기능을 하고, 발은 걷는 기능을 한다. 그러므로 우리는 다른 지체들의 기능을 받아들이는 것을 배워야 하며, 어떤 지체의 기능도 거절해서는 안 된다.

만일 발이 손을 거절하면, 그것은 머리를 거절하는 것과 같다. 반면에 우리가 한 지체의 권위를 받아들이면, 그것은 곧 머리의 권위를 받아들이는 것과 같다. 그리고 교제를 통해서 모든 다른 지체들은 나의 권위가 될 수 있다.

우리 몸에서 손의 기능은 참으로 대단하지만, 걸을 때는 발의 기능을 받아들여야 한다. 손이 색깔을 느낄 수 없으므로 눈의 권위를 받아들여야만 한다. 각 지체의 기능은 몸의 권위를 형성하고 있다.

그리스도의 부는 권위이다

각 지체가 온전한 한 몸이 될 수는 없다. 우리 각자는 하나의 지체로서 다른 지체들이 하는 일을 받아들이는 자세를 취할 줄 알아야 한다. 다른 사람이 보고 들은 것이 내가 보고 들은 것으로 간주된다. 다른 지체들이 행한 일을 받아들인다는 것은 곧 머리의 부를 받아들이는 것이다.

개개의 지체는 몸에 붙은 하나의 지체에 불과하므로 독자적으로 존재할 수 없다. 다른 지체가 한 일이 무엇이든 간에 그것은 온 지체가 한 일로 간주되며 따라서 몸이 한 일로 간주된다.

오늘날의 문제는, 이미 눈이 어떤 사실을 보았는데도 불구하고 새삼스럽게 손이 보겠다고 주장하는 것이다. 모든 지체들은 다른 지체들이 공급해 주는 것을 받아들이기 거절하고 자기가 모든 것을 가지려고 한다. 이로 인해 교회뿐 아니라 그 자신도 가난하게 된다. 권위란 그리스도의 부를 달리 표현한 것에 불과하다.

오직 다른 지체들의 기능-다른 지체들의 권위-을 받아들임으로써, 우리는 온 몸의 부를 소유하게 된다. 다른 지체들의 권위에 순복하는 것은 그들의 부를 소유하는 것이다. 피차 순종하지 않는 것은 가난을 초래하게 된다. "그러므로 네 눈이 성하면 온 몸이 밝을 것이요"(마 6:22). 귀가 성하면 온 몸이 잘 들을 것이다.

우리는 권위란 우리를 압박하고 우리를 해치며 우리를 괴롭히는 것이라고 오해하는 경우가 허다하다. 그러나 하나님께서는 그러한 관념을 갖고 계시지 않는다. 하나님은 우리의 부족함을 보충하기 위해 권위를 사용하신다. 하나님께서 권위를 설정하신 동기는, 우리에게 하나님의 부를 나누어 주고 약한 자의 필요를 채워 주시려는 것이다.

하나님은 우리로 하여금 수년을 기다리며 많은 어둡고 괴로운 날들을 통과한 후에 스스로 볼 수 있게 하시지 않았다. 만일 그렇다면 그때까지 우리는 수많은 사람들을 어두움으로 인도했을 것이다. 실로, 우리는 소경을 인도하는 소경이 되었을 것이다. 하나님은 그런 우리로 인해 얼마나 큰 손실을 감수해야 했을까! 그러나 하나님은 그렇게 하시지 않았다.

하나님은 먼저 다른 사람의 생애 속에서 철저하게 역사하셔서 그 사람을 우리의 권위자로 세우시고, 우리로 하여금 순종을 배우며 전에 결코 소유하지 못했던 것을 소유하도록 하신다. 이 사람의 부가 그대로 우리의 부가 된다. 만일 우리가 이 하나님의 절차를 무시한다면, 50년을 산다 해도 그 사람의 도달한 곳에 훨씬 못 미쳐 있을 것이다.

하나님께서 우리에게 은혜를 주시는 방법은 두 가지이다. 비록 드물긴 하지만, 하나님이 직접적으로 우리에게 은혜를 주실 때가 있다. 그리고 대개는 우리에게 간접적으로 그의 부를 나누어 주신다.

즉 하나님은 교회에서 영적으로 더 성숙한 형제 자매들을 우리 위에 두시사, 우리가 그들의 판단을 자신의 판단으로 받아들이도록 하신다. 이렇게 함으로써 우리는 다른 형제 자매들이 당한 괴로운 경험을 직접 겪지 않고도 그들의 부를 소유할 수 있게 된다.

하나님께서는 교회에 많은 은혜를 맡기셨다. 그러나 마치 개개의 별들이 자기만의 독특한 빛을 지니고 있는 것처럼, 각 지체에게 독특한 은혜를 나누어 주신다. 그러므로 권위는 교회의 부를 가져온다. 각 지체의 부는 모두의 부가 된다. 피차 거스르고 반항하는 것은 가난의 길을 택하는 것이다. 권위에 거역하는 것은 은혜와 부의 수단을 거역하는 것이다.

기능의 분배도 권위의 위임이다

누가 감히 주님의 권위에 불순종하겠는가? 그러나 하나님께서 몸에 속하도록 하신 지체들의 권위에도 주의를 기울일 필요가 있다는 것을 기억하도록 하자. 하나님은 많은 지체들이 함께 연합하도록 하셨다. 그러므로 어떤 사람이 다른 지체들의 도움을 거절하면, 그것은 명백한 거역 행위이다. 때때로 하나님은 어떤 지체를 직접적인 방법으로 사용하시고, 또 어떤 때는 그 지체의 필요를 공급하시기 위해 다른 지체를 사용하신다.

머리가 눈에게 보라고 지시할 때, 온 몸은 그 눈이 본 것을 자신이 본 것으로 받아들여야 한다. 그러한 기능의 분배는 권위의 위임이다. 이것은 또한 머리의 권위를 대표한다. 다른 지체들이 자기들 스스로 볼 수 있다고 생각한다면, 그들은 거역하는 것이다. 자신을 전능한 존재로 생각하는 바보가 되지 말자.

우리는 하나의 지체에 불과하다는 것을 언제나 잊지 말자. 우리는 다른 지체의 활동을 받아들여야 한다. 우리가 가시적인 권위에 순종할 때 머리와 온전한 조화를 이루게 된다. 어떤 지체가 공급해 주는 것을 순순히 받아들이는 것은 곧 그 지체의 권위를 인정하는 행위이다. 은사를 받은 자에게는 사역이 주어진다. 그리고 사역을 하는 자는 권위를 갖게 된다. 눈만이 볼 수 있다. 따라서 무엇을 보아야 할 때는 눈의 권위에 순종해서 눈이 공급해 주는 것을 받아들여야 한다.

하나님께서 임명하신 사역자는 권위자다. 어느 누구도 이를 거역해서는 안 된다. 대부분의 사람들은 하나님의 직접적인 권위를 가지기 원하지만, 하나님이 더 자주 사용하시는 방법은 간접적인 또는 위임 권위를 세우셔서 우리로 그 권위에 복종하게 하는 것이다. 그 위임 권위를 통해서 우리는 영적 공급을 받아야 한다.

생명은 순종을 용이하게 만든다

이스라엘이 순종하기를 그토록 어려워했던 것처럼 세상이 순종하는 것도 역시 어려운 일이다. 생명의 연결 고리가 없기 때문이다. 그러나 생명의 관계를 맺고 있는 우리에게는 오히려 불순종하기가 어려운 일이다. 우리에겐 내적 통일성이 있다. 즉 한 생명, 한 성령이 있으며, 성령은 모든 것을 지시하고 통제한다.

우리는 피차 종노릇할 때에 행복하고 평안하다. 우리가 모든 짐을 자신의 어깨에 짊어지려고 하면 피곤해서 지칠 것이다. 그러나 그 많은 짐들을 각 지체에게 골고루 분담시키면 평안을 누리게 된다. 주님의 제재를 받는 것은 얼마나 평화로운 일인가!

다른 지체들의 권위에 순종할 때 우리는 커다란 해방감을 경험한다. 그러나 엉뚱하게도 다른 지체의 자리를 차지하면, 그것만큼 부자연스럽게 느껴지는 것이 없다. 순종하는 것은 자연스러운 일이지만, 불순종하는 것은 어려운 일이다.

주님은 우리를 부르셔서 가정과 세상에서뿐 아니라 몸된 교회 안에서 순종을 배우게 하신다. 우리가 몸 안에서 순종을 잘 배운다면, 다른 영역에서도 어려움이 없을 것이다. 교회는 우리가 순종을 배우기 시작해야 하는 곳이다. 교회는 시련의 장소인 동시에 성취의 장소이다. 여기서 실패하면 우리는 모든 곳에서 다 실패하게 된다. 그리고 우리가 교회에서 잘 배우면, 나라와 세상의 문제 및 우주의 문제들도 해결될 수 있다.

과거에는 권위와 순종이 다 객관적인 것이었다. 즉 외부 세력에 대한 외적인 복종이었다. 그런데 오늘날 권위는 살아 있는 실체가 되었고 내적인 것이 되었다. 권위와 순종은 그리스도의 몸 안에서 서로 만난다. 즉시 권위와 순종은 주관적인 것이 되어서 하나로 합해진다.

여기서 하나님의 권위가 최고로 표현된다. 권위와 순종은 몸 안에서 완성에 이른다. 여기서 우리는 세움을 받아야 한다. 그렇지 않으면 다른 길이 없다.

우리는 몸 안에서 권위를 만난다. 머리(권위의 근원)와 지체들(각자가 나름대로의 기능을 갖고 권위에 순종할 뿐 아니라 위임 권위로서 서로 섬긴다)이 다 교회 안에 있다. 여기서 권위를 인정하지 않으면 결코 다른 길이 없다.

9
인간의 거역의 표현(1)

인간의 거역이 가장 두드러지게 나타나는 곳은 특히 어느 영역인가? 그것은 말과 이론과 생각에서다. 만일 이런 영역에서 문제를 실제적으로 다루지 않는다면 거역에서 구출될 소망은 극히 희박하다.

1. 말

    육체를 따라 더러운 정욕 가운데서 행하며 주관하는 이를 멸시하는 자들에게 특별히 형벌하실 줄을 아시느니라 이들은 담대하고 고집하여 떨지 않고 영광 있는 자를 훼방하거니와 더 큰 힘과 능력을 가진 천사들이라도 주 앞에서 저희를 거스려 훼방하는 송사를 하지 아니하느니라 그러나 이 사람들은 본래 잡혀 죽기 위하여 난 이성 없는 짐승 같아서 그 알지 못한 것을 훼방하고 저희 멸망 가운데서 멸망을 당하며(벧후 2:10-12).
    누구든지 헛된 말로 너희를 속이지 못하게 하라 이를 인하여 하나님의 진노가 불순종의 아들들에게 임하나니(엡 5:6).
    그러한데 꿈꾸는 이 사람들도 그와 같이 육체를 더럽히며 권위를 업신여기며 영광을 훼방하는도다 천사장 미가엘이 모세의 시체에 대하여 마귀와 다투어 변론할 때에 감히 훼방하는 판결을 쓰지 못하고 다만 말하되 주께서 너를 꾸짖으시기를 원하노라 하였거늘 이 사람들은 무엇이든지 그 알지 못하는 것을 훼방하는도다 또 저희는 이성 없는 짐승같이 본능으로 아는 그것으로 멸망하느니라(유 8-10절).

독사의 자식들아 너희는 악하니 어떻게 선한 말을 할 수 있느냐 이는 마음에 가득한 것을 입으로 말함이라(마 12:34).

말은 마음의 출구이다

마음에 반항심을 품고 있는 사람은 곧 반항적인 말을 내뱉는다. 왜냐하면 마음에 가득한 것을 입으로 말하기 때문이다. 권위를 알려면 먼저 권위를 만나야 한다. 그렇지 않으면 순종할 수가 없다. 순종에 관한 메시지를 단순히 듣는 것만으로는 아무런 효과가 없다. 일단 하나님을 만나야 한다. 그 다음에 하나님의 권위의 기초가 그 사람의 생애에 놓이게 된다.

이후로는 그가 반역적인 말을 할 때마다, 아니 그 반역적인 말을 내뱉기도 전에 자기의 잘못을 깨닫고 내적으로 제지를 받는다. 아무런 내적 제지를 느끼지 못하고 함부로 반역하는 말을 내뱉는 사람은 틀림없이 권위를 접해 본 적이 없을 것이다. 반역적인 행위를 저지르는 것보다 반역적인 말을 내뱉는 것이 훨씬 더 쉽다.

혀는 길들이기가 심히 어렵다. 인간의 반항은 혀를 통해서 매우 신속하게 표현된다. 사람 앞에서는 동의를 했다가 뒤에 가서는 욕설을 퍼붓는다. 사람 앞에서는 조용히 있다가 나중에 가서 큰소리로 말한다. 입을 거역하는 데 사용하는 것은 어렵지 않다.

오늘날의 사람들은 거의 다 반항적이다. 그들은 다만 입으로만 봉사하고 외적으로만 순종하는 체한다. 교회는 이와 달라야 한다. 교회에는 마음에서 우러나오는 순종이 있어야 한다. 마음에서 우러나오는 순종이 있는지의 여부는 그 사람의 입에서 나오는 말로 쉽게 알 수 있다. 하나님은 마음에서 우러나오는 순종을 찾으신다.

하와는 하나님의 말씀에 경솔하게 덧붙였다

하와가 시험받았을 때, 그녀는 하나님의 말씀에 "만지지도 말라"(창 3:3)는 말을 추가했다. 이것이 얼마나 심각한 일인지 생각해 보자. 하나님의 권위를 아는 사람은 감히 한 음절이라도 추가할 수 없을 것이다. 하나님의 말씀은 충분히 명백하다. "동산 각종 나무의 실과는 네가 임의로 먹되 선악을 알게 하는 나무의 실과는 먹지 말라 네가 먹는 날에는 정녕 죽으리라"(창 2:16, 17).

하나님은 "만지지 말라"고는 말씀하지 않으셨다. 이것은 하와가 덧붙인 것이다. 추가하든지 삭제하든지 간에, 하나님의 말씀을 쉽게 변경하는 사람은 권위를 모른다는 것을 스스로 입증하는 것이다. 그들은 다 거역하는 사람이며, 하나님의 가르침을 받지 않은 사람들이다.

가령 어떤 사람이 대리인이나 대변인으로 정부에 의해 어떤 곳에 파송을 받는다고 하자. 틀림없이 그는 자기가 말하도록 위임받은 바를 기억하려고 애써 노력할 것이다. 그리고 감히 자신의 말을 덧붙이려 하지 않을 것이다.

하와는 매일 하나님을 보았는데도 불구하고 권위를 인식하지 못했다. 그래서 하와는 경솔하게 자신의 말을 덧붙인 것이다. 아마도 하와는 몇 마디를 더 하거나 덜 하거나 별 차이가 없다고 생각했을 것이다. 그러나 절대로 그렇지 않다. 세상의 주인을 섬기고 있는 사람도 자기 주인의 말을 함부로 변경하지 않는다. 그런데 살아 계신 하나님을 섬기는 우리가 어떻게 감히 그런 일을 하겠는가?

함은 자기 아버지의 실수를 공포했다

함이 자기 아버지의 벗은 것을 보고 어떻게 했는지 살펴보자. 그는 그 사실을 자기 형제 셈과 야벳에게 말하러 나갔다. 마음으로 순종하지 않는 사람은 언제나 권위가 무너지기만을 기다린다. 함은 자기 아버지의 실수를 드러낼 기회를 잡았다.

함의 행동은 그가 아버지의 권위에 전혀 순종하지 않았음을 그대로 입증해 주는 것이다. 대개 그는 외적으로는 자기 아버지에게 순복했지만 온전한 마음으로 하지 않았다. 그런데 이제 아버지의 약점을 발견했고, 그것을 형제들에게 공포할 기회를 포착했다.

오늘도 많은 형제들이 사랑의 결핍으로 인해서 사람들을 비판하기 좋아하고 다른 사람의 결점을 파헤치는 것에서 기쁨을 얻고 있다. 함에게는 사랑도 없었고 순종도 없었다. 그는 거역을 그대로 드러낸 장본인이다.

미리암과 아론은 모세를 비방했다

민수기 12장에는 미리암과 아론이 모세를 비방하고 가정의 문제를 하나님의 일에까지 끌고 간 내용이 기록되어 있다. 모세는 하나님의 소명에 있어서 특별한 위치를 차지하고 있었다. 미리암과 아론은 단지 복종해야 하는 자들이었다. 이것은 하나님의 명령이었다. 그럼에도 불구하고 이 두 사람은 그 명령을 거역하고, 모세를 비방하는 말을 함으로써 자기들의 품은 감정을 폭로했다.

그들은 권위를 몰랐다. 만일 권위에 대해 제대로 알고 있었다면 입을 다물었을 것이고 많은 문제들이 해결되었을 것이다. 그들이 권위를 접하는 순간 자연적인 어려움들은 해결된다. 미리암은 단지 "여호와께서 모세와만 말씀하셨느냐 우리와도 말씀하지 아니하셨느냐"(2절)라고 말했다. 미리암은 많은 말은 한 것 같지 않다. 그러나 하나님은 이 말이 중상 모략하는 말임을 알아차리셨다.

아마 미리암은 할 말이 더 많이 있었을 것이다. 그것은 마치 빙산의 10분의 1만 표면에 나타나 있고 나머지 10분의 9는 물 속에 잠겨 있는 것과 같다. 내뱉은 말이 아무리 대수롭지 않다 하더라도 그 사람 안에 반항 정신이 있으면 하나님은 곧 알아채신다. 거역은 보통 말로 나타난다. 이 말들이 가볍든 무겁든 간에, 그것은 거역이다.

고라와 그의 일당은 모세를 공박했다

민수기 16장에서, 고라와 그의 일당은 250명의 족장들과 함께 모세를 거스르기 위해 운집했다. 그들은 모세를 말로 공격했다. 그들은 마음속에 있던 것을 모두 털어놓았다. 그들은 모세를 비난했다. 미리암은 모세를 비방하기는 했지만 말을 절제했으므로 회복될 수 있었다. 그러나 고라와 그의 일당은 막을 수 없는 홍수처럼 절제할 줄 몰랐다.

여기서 우리는 정도가 다른 두 거역을 본다. 어떤 사람들은 거역함으로 인해 수치를 당하나 결국은 회복되는 반면에, 어떤 사람들은 도무지 절제하지 못한 연고로 스올에 삼킨 바 된다. 민수기 16장에 나오는 이들은 모세를 거역하는 말을 했을 뿐만 아니라 공개적으로 그를 심하게 비난했다. 그 상황이 너무도 심각하여 모세는 땅에 엎드릴 수밖에 없었다.

그들의 고소는 얼마나 냉혹했던가! 그들은 모세에게 이렇게 말했다. "너희가 분수에 지나도다……너희가 어찌하여 여호와의 총회 위에 스스로 높이느뇨"(3절). 이것은 마치 "회중이 거룩하므로 우리는 하나님이 회중 가운데 계심을 믿는다. 그러나 당신은 강탈자이니 우리는 당신의 권위를 인정할 수 없다"라고 말하는 것과 같다.

우리는 여기서 다음과 같은 사실을 배울 수 있다. 즉 하나님의 직접적인 권위에는 경청하면서 위임 권위는 거역하는 사람들은 누구나 할 것 없이 거역의 원리 아래 있다는 것이다.

권위에 순종하는 사람은 틀림없이 그 입을 다스릴 줄 안다. 감히 허술하게 입을 열지 않는다. 바울이 공회에서 재판을 받을 때, 그는 한 사람의 예언자로서 대제사장에 말하기를 "회칠한 담이여 하나님이 너를 치시리로다"(행 23:3)라고 했다.

그러나 바울은 또한 한 사람의 유대인으로서 아나니아가 대제사장이라는 말을 듣고 곧 돌아서서 말하기를 "형제들아 나는 그가 대제사장인 줄 알지 못하였노라 기록하였으되 너의 백성의 관원을 비방치 말라 하였느니라"(행 23:5)고 했다. 그는 자기 말에 얼마나 주의했으며 자기 입을 얼마나 엄격하게 다스렸는가!

거역은 육적인 방종과 관련이 있다

사도 베드로는 육체를 따라 더러운 정욕 가운데서 행하는 사람들을 언급한 후에 곧바로 권세를 멸시하는 자들을 언급하고 있다(벧후 2:10). 권세를 멸시하는 사람들의 징후는 거스르는 말, 곧 반역적인 말을 내뱉는 가운데 나타난다.

유유상종하는 법이다. 사람은 자연스럽게 자기와 비슷한 사람들과 어울리며 비슷한 성품을 가진 사람들과 교제하게 된다. 따라서 거역하는 사람과 육적인 사람은 함께 어울린다. 하나님은 그 두 종류의 사람들을 동등하게 보신다. 거역하는 사람들과 육적인 사람들은 악하고 제멋대로이기에 겁도 없이 영광 있는 자들(권세자들)을 헐뜯는다.

하나님을 알고 있는 사람은 감히 그렇게 말하지 않는다. 헐뜯는 말을 하는 것은 입의 정욕이다. 하나님을 아는 사람이라면 하나님께서 그것을 얼마나 싫어하시는지 잘 알기 때문에 회개하고 자신을 증오할 것이다.

천사들은 한때 이 영광 있는 자들의 지배 아래 있었기 때문에 감히 주님 앞에서 그들에게 모욕적인 판단을 내리지 못했다. 천사들은 원래의 위치에서 떨어져 나온 영들을 대할 때 거역하는 태도를 취하지 않으려고 각별히 주의했다.

같은 이유로, 우리는 하나님 앞에서 다른 사람을 헐뜯고 욕해서는 안 된다. 기도할 때도 그렇게 해서는 안 된다. 다윗은 사울이 하나님의 기름부음을 받은 자임을 인정함으로써 자기 분수를 지키는 사람으로 입증되었다. 사탄의 능력은 자신의 분수를 지키지 않는 사람들에 의해 확립된다.

이에 반해 천사들은 자신의 분수를 지키는 자들이다. 베드로는 우리가 이것에 더욱 주의하도록 하기 위해서 천사들을 내세워 자기의 분수를 지키는 이 원리를 설명하고 있다.

그리스도인들이 능력을 상실하는 원인에는 두 가지가 있다. 첫째는 죄이고, 둘째는 권위에 대한 모욕이다.

우리가 다른 사람을 욕할 때마다, 그것은 능력의 상실을 의미하게 된다. 불순종을 마음에 품고 있을 때보다 말로 드러낼 때 능력의 상실은 더욱 커진다. 말의 위력은 보통 우리가 생각하는 것보다 훨씬 더 대단하다.

하나님이 보시기에는 인간의 생각이 행동과 동일시되는 것이 사실이다. 악을 품고 있는 사람은 이미 악을 범한 것이다. 한편 주님은 이렇게 말씀하셨다.

"……이는 마음에 가득한 것을 입으로 말함이라……내가 너희에게 이르노니 사람이 무슨 무익한 말을 하든지 심판 날에 이에 대하여 심문을 받으리니 네 말로 의롭다 함을 받고 네 말로 정죄함을 받으리라"(마 12:34, 36, 37).

이것은 말과 생각의 차이점이 있다는 것을 암시해 준다. 즉 생각은 그대로 감추어져 있을 수 있지만, 일단 말을 내뱉으면 모든 것이 드러나기 때문이다.

오늘날 그리스도인들은 행동 못지않게 입을 통해서도 능력을 상실하는 경우가 많다. 아니, 그들은 입을 통해 더 많은 능력을 잃고 있다. 거역하는 사람들은 다 입이 말썽이다. 자신의 말을 통제할 수 없는 사람은 자기 자신을 통제할 수 없다.

하나님은 거역하는 사람들을 엄히 책망하신다

베드로후서 2:12을 다시 읽어 보자. "그러나 이 사람들은 본래 잡혀 죽기 위하여 난 이성 없는 짐승 같아서"라고 되어 있다. 이 말보다 더 심한 책망의 말이 성경 어디에 있는가? 왜 그들은 짐승 같다는 꾸중을 듣게 되었는가? 그들은 너무 무감각하기 때문이다.

성경 전체에서 가장 중심적인 것이 권위이므로, 이 권위에 대한 모욕은 가장 심각한 범죄이다. 입을 함부로 놀려서는 안 된다. 우리가 하나님을 만나는 순간, 우리 입은 제재를 받을 것이다. 우리는 감히 권위자들을 욕하지 않는다. 주님을 만남으로써 죄를 알게 되듯이, 권위를 만남으로써 우리는 권위를 인식하게 된다.

교회의 어려움은 흔히 비방하는 말에서 비롯된다

주로 경솔한 말로 인해 교회의 연합이 파괴되고 능력이 상실된다. 아마 오늘날 교회의 대부분의 어려움은 주로 비방하는 말에 기인할 것이다. 실질적인 문제는 얼마 되지 않는다. 사실, 이 세상의 대부분의 문제들도 거짓말로 인해 생긴 것이다. 만일 교회에서 비방하기를 그친다면 우리의 어려움은 대부분 제거될 수 있을 것이다.

우리는 하나님 앞에서 죄를 자백하고 하나님의 용서를 구해야 한다. 모든 비방하는 말은 하나님 앞에서 철저히 종결되어야 한다. "샘이 한 구멍으로 어찌 단물과 쓴물을 내겠느뇨"(약 3:11). 같은 입에서 사랑의 말과 비방의 말이 나와서는 안 된다.

하나님께서 우리의 입술을 감찰하시기를, 우리의 입술뿐만 아니라 마음까지도 감찰하여 주시기를 그리하여 우리가 거역하는 생각과 비방하는 말을 버릴 수 있게 되기를 바란다. 비방하는 말이 우리에게서 영원토록 떠나가게 하소서!

2. 이론

그 자식들이 아직 나지도 아니하고 무슨 선이나 악을 행하지 아니한 때에 택하심을 따라 되는 하나님의 뜻이 행위로 말미암지 않고 오직 부르시는 이에게로 말미암아 서게 하려 하사 리브가에게 이르시되 큰 자가 어린 자를 섬기리라 하셨나니 기록된 바 내가 야곱은 사랑하고 에서는 미워하였다 하심과 같으니라 그런즉 우리가 무슨 말 하리요 하나님께서 불의가 있느뇨 그럴 수 없느니라 모세에게 이르시되 내가 긍휼히 여길 자를 긍휼히 여기고 불쌍히 여길 자를 불쌍히 여기리라 하셨으니 그런즉 원하는 자로 말미암음도 아니요 달음박질하는 자로 말미암음도 아니요 오직 긍휼히 여기시는 하나님으로 말미암음이니라 성경이 바로에게 이르시되 내가 이 일을 위하여 너를 세웠으니 곧 너로 말미암아 내 능력을 보이고 내 이름이 온 땅에 전파되게 하려 함이로라 하셨으니 그런즉 하나님께서 하고자 하시는 자를 긍휼히 여기시고 하고자 하시는 자를 강퍅케 하시느니라 혹 네가 내게 말하기를 그러면 하나님이 어찌하여 허물하시느뇨 누가 그 뜻을 대적하느뇨 하리니 이 사람아 네가 뉘기에 감히 하나님을 힐문하느뇨 지음을 받은 물건이 지은 자에게 어찌 나를 이같이 만들었느냐 말하겠느뇨 토기장이가 진흙 한 덩이로 하나는 귀히 쓸 그릇을, 하나는 천히 쓸 그릇을 만드는 권이 없느냐 만일 하나님이 그 진노를 보이시고 그 능력을 알게 하고자 하사 멸하기로 준비된 진노의 그릇을 오래 참으심으로 관용하시고 또한 영광 받기로 예비하신 바 긍휼의 그릇에 대하여 그 영광의 부요함을 알게 하고자 하셨을지라도 무슨 말 하리요 이 그릇은 우리니 곧 유대인 중에서뿐 아니라 이방인 중에서도 부르신 자니라(롬 9:11-24).

비방은 이론에서 온다

권위에 대한 거역은 말과 이론과 생각 안에서 나타난다. 어떤 사람이 권위를 모르면 비방의 말이 나온다. 그런 말은 흔히 그의 이론에서 나온다. 함은 자기 아버지를 비방할 근거를 가지게 되었다. 노아가 벗은 채로 있는 것을 포착하였다. 미리암은 모세가 구스 여인과 결혼한 것을 근거로 모세를 거스르는 말을 했다. 그러나 권위에 복종하는 사람은 권위 아래서 살지 이론을 따라 살지 않는다.

고라와 그의 일당은 250명의 족장들과 함께 모세와 아론을 비방하여 말하기를 "회중이 다 각각 거룩하고 여호와께서도 그들 중에 계시거늘 너희가 어찌하여 여호와의 총회 위에 스스로 높이느뇨"(민 16:3)라고 했다. 그들 또한 나름대로의 근거를 가지고 있었다. 그와 같은 비방의 말들은 보통 이론에서 나온다.

다단과 아비람은 그렇게 따질 만한 더 강력한 이론을 가지고 있었던 것 같다. 그들은 모세에게 다음과 같은 말로 답변했다. "네가 우리를 젖과 꿀이 흐르는 땅으로 인도하여 들이지도 아니하고 밭도 포도원도 우리에게 기업으로 주지 아니하니 네가 이 사람들의 눈을 빼려느냐"(민 16:14).

그들의 말은, 자기들이 있는 곳이 어떤 땅인가를 그들의 눈으로 분명히 볼 수 있다는 뜻이었다. 그들은 생각하면 할수록 모세를 불신할 만한 근거가 더 강하게 보였다. 이론은 침착한 사리 판단을 내릴 수 없다. 생각할수록 이론은 더 악화될 뿐이다. 이 세상 사람들은 이론 안에서 살고 있다. 우리도 그런 세계에서 살고 있다면, 이 세상 사람들과 다른 점이 무엇인가?

주님을 따르려면 이론에서 벗어나야 한다

우리가 진정 주님을 따르기 위해서는 이론의 눈을 빼버려야 하는 것이 사실이다. 무엇이 우리의 생활을 지배하고 있는가? 이론인가 권위인가? 어떤 사람이 주님께 빛을 받으면, 그 빛에 의해 눈이 멀고 그의 이론은 파기될 것이다.

바울은 다메섹 도상에서 큰 빛을 받아 장님이 되었다. 그리고 더 이상 그는 자신의 이론에 사로잡혀 있지 않았다. 모세는 자기 눈을 빼버린 적은 없었으나, 마치 장님처럼 행동했다. 그에게도 주장할 것이 있고 따질 이론이 있었지만, 하나님께 순종하는 가운데 이론을 초월하여 살았다.

하나님의 권위 아래 사는 사람들은 보이는 것을 따라 살지 않는다. 하나님의 종들은 이론적인 생활에서 벗어나야 한다. 이론은 거역의 첫번째 원인이다. 따라서 먼저 이론을 완전히 처리하지 않으면 우리의 말을 통제할 수가 없다. 사람이 주님에 의해 이론의 속박에서 해방되지 않으면, 조만간 비방하는 말을 토하게 된다.

이론적인 생활에서 해방되는 것을 이야기하기는 쉬울지 모르나, 이성적 존재인 우리 인간이 하나님께 따지고 논쟁하는 행위를 어떻게 그만둘 수 있을 것인가? 무척 어렵게 보인다. 우리는 유아기부터 장년기에 이르기까지, 불신자일 때부터 지금에 이르기까지 줄곧 이치를 따지며 살아왔다. 우리 생활의 근본 원리는 이론이다.

어떻게 우리가 이론적인 사고 방식을 중단할 수 있단 말인가? 사실상 그것을 중단하는 것은 우리 육신의 생명 자체를 요구하는 것이다. 따라서 두 종류의 그리스도인들이 있다. 즉 이론의 수준에서 사는 사람들과 권위의 수준에서 사는 사람들이다.

우리 스스로 질문해 보자. 우리는 지금 어디에 살고 있는가? 하나님의 명령이 우리에게 떨어지면, 우리는 멈추어 서서 그것을 행할 충분한 이유가 있는지 알아보기 위해 그 문제를 골똘히 생각하는가? 오, 이것은 선악을 알게 하는 나무를 표명하는 것에 불과하다. 그 나무의 실과는 우리의 사적인 일들만 지배하는 것이 아니다. 그것은 하나님이 명하신 일조차도 우리의 이성과 판단을 거치도록 만든다.

우리는 하나님에 대해 생각하고, 하나님이 무엇을 생각하셔야 하는가를 결정한다. 이것이야말로 틀림없는 사탄의 원리이다. 사탄은 하나님과 동등해지기를 바라지 않는가? 참으로 하나님을 아는 사람은 모두 이의 없이 하나님께 순종한다. 이론과 순종을 결부시키는 일은 도무지 없다.

누구든지 순종을 배우고자 하는 사람은 이론을 버려야 한다. 그는 하나님의 권위에 따라 살든지 아니면 인간의 이론에 따라 살든지 해야 한다. 그 둘을 다 취하는 것은 불가능하다.

주 예수님의 지상 생활은 전적으로 이론을 초월한 삶이었다. 주님이 당하신 치욕과 채찍질과 십자가의 고난에 무슨 이유가 있었겠는가? 그러나 주님은 하나님의 권위에 복종했을 뿐 논쟁하거나 의문을 제기하지 않으셨다. 오로지 순종만 하셨다. 이론 아래서 산다는 것은 참으로 복잡한 것이다.

공중의 새와 골짜기의 백합화를 보라. 그들의 삶은 얼마나 단순한가! 우리가 권위에 순종할수록 우리의 삶은 더욱더 단순해질 것이다.

하나님은 결코 논쟁하지 않으신다

로마서 9장에서 바울은 유대인들에게 하나님께서 이방인도 부르신다는 것을 증거했다. 그는 아브라함의 후손들 중에 오직 이삭이 선택되었고 이삭의 후손 중에는 오직 야곱이 선택되었다고 말한다. 모든 것은 하나님의 선택에 의한 것이다.

그런데 왜 하나님께서 이방인을 택해서는 안 되는가? 하나님은 긍휼히 여길 자를 긍휼히 여기고 불쌍히 여길 자를 불쌍히 여기실 수 있다. 하나님은 사기성이 농후한 야곱은 사랑하고 정직한 에서는 미워하신다(적어도 사람들은 이렇게 생각한다). 하나님은 또한 바로의 마음을 강퍅케 하시기까지 한다.

그러므로 하나님은 불공평하다고 말하는가? 그러나 하나님은 높은 영광의 보좌에 앉아 계시며 사람들은 하나님의 권위 아래 있다. 하나님과 논쟁하는 한 점의 먼지 같은 너는 누구냐?

그분은 하나님이시다. 하나님은 원하시는 것은 무엇이든지 행할 권세가 있으시다. 우리는 한편으로는 주님을 따르면서 또 한편으로는 이론을 등장시켜 따지려고 덤빌 수 없다. 우리가 진정 하나님을 섬기고자 할진대 논쟁해서는 안 된다. 하나님을 만난 사람은 자신의 논리를 팽개치지 않으면 안 된다. 우리는 오로지 순종의 기반 위에 설 수 있다.

우리가 주제넘게 하나님의 상담역이 되려고 하거나 자신의 주장을 가지고 하나님께 간섭하려 하지 말자. 하나님의 주장에 귀기울여 보자. "내가 긍휼히 여길 자를 긍휼히 여기리라"(롬 9 : 15). "내가 여기리라"는 말은 얼마나 귀중한 말인가! 우리 하나님을 경배하자. 하나님은 결코 논쟁을 하지 않으신다. 하나님은 단지 하나님이 원하시는 대로 행하신다. 그분은 영광의 하나님이시다.

바울도 이렇게 증거하였다. "그런즉 원하는 자로 말미암음도 아니요 달음박질하는 자로 말미암음도 아니요 오직 긍휼히 여기시는 하나님으로 말미암음이니라 성경이 바로에게 이르시되 내가 이 일을 위하여 너를 세웠으니 곧 너로 말미암아 내 능력을 보이고 내 이름이 온 땅에 전파되게 하려 함이로라 하셨으니 그런즉 하나님께서 하고자 하시는 자를 긍휼히 여기시고 하고자 하시는 자를 강퍅케 하시느니라"(롬 9 : 16-18).

그의 마음을 강퍅케 한다는 것은 그로 범죄하게 한다는 뜻이 아니다. 그것은 단지 그를 내버려둔다는 의미이다(롬 1 : 24, 26, 28).

바울은 자신의 편지를 받을 수신자들이 이의를 제기할 것을 미리 알고서 "혹 네가 내게 말하기를 그러면 하나님이 어찌하여 허물하시느뇨 누가 그 뜻을 대적하느뇨"(19절)라고 말함으로 그들의 주장을 앞질렀다. 위와 같은 논리가 아주 타당하다고 생각하는 사람이 많을 것이다. 바울도 그러한 주장의 위력을 알고 있었다.

그래서 그는 계속해서 이렇게 말했다. "이 사람아 네가 뉘기에 감히 하나님을 힐문하느뇨 지음을 받은 물건이 지은 자에게 어찌 나를 이같이 만들었느냐 말하겠느뇨"(20절). 그는 그들의 주장에 답하지 아니하고 오히려 "네가 누구냐?"고 물었다. "네가 무슨 말을 하고 있느냐?"고 묻지 아니하고 다만 "네가 뉘기에 감히 하나님을 힐문하느뇨?"라고 물었다.

하나님께서는 권위를 행사하실 때 당신과 상의하거나 당신의 동의를 얻을 필요가 없으시다. 다만 하나님이 당신에게 요구하시는 것은, 하나님의 권위에 순종하는 것과 또 하나님께 속한 것이면 선한 것으로 인정하고 받아들이는 것이다.

사람은 언제나 따지기를 좋아한다. 그렇다면 우리가 구원받게 된 데에는 어떤 그럴 듯한 이유가 있는지 물어야 하지 않을까? 그러나 아무런 이유도 없다. 나는 원하지도 않았고 달음박질하지도 않았는데 이렇게 구원을 받았다. 이것이야말로 일어난 일 중에 지극히 불합리한 일이라 하겠다.

그러나 하나님은 긍휼히 여길 자를 긍휼히 여기신다. 토기장이는 같은 진흙덩이를 가지고 아름다운 그릇을 만들 수도 있고 천한 데 쓰는 그릇을 만들 수도 있다. 그것은 토기장이의 권한이다. 이것은 권위의 문제지 이론의 문제가 아니다.

오늘날 우리에게 있는 근본적인 어려움은 우리가 아직도 선악에 대한 지식의 원리 아래, 곧 이성의 능력 아래 살고 있다는 점이다. 만일 성경이 논쟁의 책이라면 우리는 분명히 모든 것을 논리적으로 따져 보아야 한다. 그러나 로마서 9장에서 하나님은 우리와 논쟁하시는 것이 아니라 우리에게 "네가 누구냐?"는 질문을 던짐으로써, 하늘의 창문을 여시고 우리에게 빛을 비춰 주신다.

하나님의 영광이 이론에서 해방시켜 준다

사람이 비방하는 말에서 해방되기도 쉽지 않지만, 이론에서 해방되기는 더 더욱 어렵다. 나는 어렸을 때 하나님이 행하신 이해할 수 없는 일들로 인해 자주 넘어지곤 했다. 나중에 로마서 9장을 읽고서 내 평생에 처음으로 하나님의 권위를 약간이나마 접하게 되었다. 나는 내가 누구인지를 알기 시작했다. 나는 하나님께 지음받은 하나의 피조물에 불과했다. 어떻게 내가 감히 가장 합리적인 말로 하나님께 반박할 수 있겠는가?

모든 것을 초월해 계시는 하나님은 접근할 수 없는 영광 가운데 살고 계신다. 하나님의 영광의 빛이 조금만 비쳐도 우리는 무릎을 꿇고 우리의 모든 이론을 팽개칠 것이다. 빛에서 멀리 떠나 사는 사람만이 교만해질 수 있다.

어두움 가운데 있는 사람들은 이론에 따라 살 수 있다. 그러나 이 세상 어느 누구도 자신의 빛으로 자신을 진실하게 볼 수 있는 사람은 없다. 주님이 조그마한 빛이라도 허락하셔서 하나님의 영광을 조금이나마 보게 하실 때, 그 사람은 죽은 사람처럼 쓰러질 것이다. 옛날 사도 요한이 그러했다.

하나님께서 우리에게 긍휼을 베푸사, 우리 자신이 얼마나 비천하고 연약한지를 단번에 깨닫게 해주시기를 바란다. 그러면 우리는 감히 하나님께 반박할 수 없을 것이다. 남방 여왕은 솔로몬의 영광을 조금 보고도 정신을 잃었다. 그런데 여기 솔로몬보다 더 크신 이가 계신다. 나의 미약한 이론이 무슨 상관이 있는가?

아담이 선악을 알게 하는 나무의 실과를 따먹어 범죄한 이래로, 이성이 사람의 생명 원리가 되었다. 주님의 영광이 우리에게 나타난 후에야 우리는 자신이 죽은 개나 한 덩이 흙에 불과하다는 것을 알게 된다.

하나님의 영광의 빛 가운데 있을 때 우리의 모든 주장은 사라질 것이다. 사람이 영광 가운데 살수록 이성적으로 따지는 일이 줄어든다. 만일 어떤 사람이 이성적으로 따지기를 잘하면, 우리는 그를 결코 영광을 보지 못한 사람으로 취급해도 좋다.

근래에 나는 하나님께서 이성과 상관없이 행동하시는 경우가 종종 있다는 것을 알기 시작했다. 나는 하나님이 행하시는 일이 이해가 가지 않더라도 하나님을 경배하는 것을 배우고 있다. 왜냐하면 나는 하나님의 종에 불과하기 때문이다. 내가 만일 하나님의 모든 방법을 이해했더라면, 스스로 보좌에 앉았을 것이다.

그러나 일단 하나님이 나보다 훨씬 더 높은 곳에 계신다는 것-그분만이 높은 곳에 계신 하나님이라는 것-을 알게 되면, 나의 모든 이론들은 사라지고 나는 먼지와 잿더미 속에 엎드리게 된다. 이후로는 권위만이 나에게 실제적인 것이 되고, 이성과 옳고 그름의 원리가 더 이상 내 생활을 지배하지 못할 것이다. 하나님을 아는 사람은 자기를 알며, 따라서 이론에서 벗어나게 된다.

우리는 순종을 통해서 하나님을 알게 된다. 여전히 자신의 이론 안에서 살아가는 사람들은 아직 하나님을 알지 못한 것이다. 오직 순종하는 사람만이 참으로 하나님을 안다. 여기에 아담으로부터 온 선과 악에 대한 지식을 제거하는 방법이 있다. 그후로는 우리가 순종하는 것이 비교적 쉬워진다.

"나는 너희 하나님 여호와니라" — 이것은 합당한 이론이다

레위기 18-22장에서 하나님은 이스라엘 백성들에게 어떤 일을 행하라고 명령하실 때마다 "나는 너희 하나님 여호와니라"는 어구를 넣으신다. 앞에 "왜냐하면"이라는 말이 붙어 있지는 않지만, 그 의미는 다음과 같다. "내가 너희 하나님 여호와이기 때문에 말하노라. 나는 어떤 합리적인 이유를 제시할 필요가 없다. 나 여호와가 바로 그 이유이다."

만일 당신이 이 사실을 안다면 결코 더 이상 이론을 따라 살 수는 없을 것이다. 그리고 하나님께 다음과 같이 말할 것이다. "하나님, 과거에는 내가 생각과 이론을 따라 살았지만, 이제는 머리 숙여 하나님을 경배합니다. 하나님이 행하신 일은 무엇이든지, 그 일을 행하신 분이 하나님이시기 때문에 나에게는 충분합니다."

바울이 다메섹 도상에서 엎드러졌을 때 그의 이론은 모두 떠나갔다. 그가 질문했던 것은 다만 "주여, 내가 무엇을 해야 하오리까?" 하는 것이었다. 그는 지체함이 없이 주님께 순복했다. 하나님을 아는 사람은 논쟁하지 않는다. 왜냐하면 이론이 빛에 의해 심판을 받고 제거되기 때문이다.

하나님과 논쟁한다는 것은, 하나님이 어떤 일을 행하실 때마다 우리 인간의 동의를 받아야 한다는 것을 뜻한다. 그러나 이것만큼 어리석은 생각이 없다. 하나님께서 어떤 행동을 하실 때 우리에게 그 이유를 밝혀야 할 의무는 없다. 왜냐하면 하나님의 길은 우리의 길보다 높기 때문이다.

만일 우리가 하나님을 이성의 수준으로 끌어내린다면 하나님을 우리와 같은 사람으로 만드는 결과가 되므로 하나님을 상실하게 될 것이다. 이론적으로 따지다 보면 예배를 드릴 수가 없다. 순종이 사라지는 순간 예배도 사라진다.

우리가 이성으로 하나님을 판단할 때, 우리 자신을 신적인 존재로 만드는 것이다. 이렇게 되면 토기장이와 진흙의 차이가 어디 있는가? 토기장이가 작품을 만들 때 진흙에게 물어보고 동의를 구할 필요가 있는가? 주님께서 영광스러운 모습으로 나타나셔서 우리의 모든 이론적 논쟁을 종식시켜 주시기 바란다.

10
인간의 거역의 표현(2)

3. 생각

우리의 싸우는 병기는 육체에 속한 것이 아니요 오직 하나님 앞에서 견고한 진을 파하는 강력이라 모든 이론을 파하며 하나님 아는 것을 대적하여 높아진 것을 다 파하고 모든 생각을 사로잡아 그리스도에게 복종케 하니 너희의 복종이 온전히 될 때에 모든 복종치 않는 것을 벌하려고 예비하는 중에 있노라(고후 10:4-6).

이론과 생각의 연결

인간은 말과 이론에서뿐만 아니라 생각 속에서도 거역을 나타낸다. 거역적인 말은 거역적인 이론에서 나오며, 이론은 생각 속에서 "만들어진다." 그러므로 생각이 거역의 중심 요소이다.

고린도후서 10:4-6은 성경에서 가장 중요한 구절 중에 하나다. 왜냐하면 이 구절 속에는 그리스도에게 순종해야 할 인간의 특정한 영역을 특별히 지적해 주고 있기 때문이다. 5절에서는 "모든 생각을 사로잡아 그리스도에게 복종케 하니"라고 했다. 이것은 인간의 거역이 근본적으로 인간의 생각 안에 있음을 암시하는 것이다.

우리는 모든 이론과 하나님 아는 것을 대적하여 높아진 것을 다 파해야 한다고 바울은 말한다. 사람은 자신의 사상 주변에 이론이라는 성을 쌓는 것을 좋아하지만, 이런 이론들은 반드시 파괴되어야 하며 생각들도 다 사로잡힘을 당해야 한다.

이론은 제거되어야 하지만 생각은 제자리로 되돌아와야 한다. 영적 전쟁에서, 생각을 사로잡기 이전에 먼저 이론이라는 성이 파괴되어야 한다. 만일 이론이 제거되지 않으면 인간의 생각을 그리스도에게 복종시키는 것은 불가능하다.

5절의 "높아진 것"은 원문에는 "높은 건물"로 되어 있다. 하나님이 보실 때 인간의 이론은 하늘 높이 치솟은 마천루와 같아서 하나님 아는 것을 방해하고 있다. 사람이 이론을 내세우기 시작할 때 그의 생각은 포위를 당하며, 따라서 하나님께 자유롭게 순종할 수 없게 된다. 왜냐하면 순종은 생각의 문제이기 때문이다.

외부로 나타난 이론은 말이 되지만, 이론이 속에 숨겨져 있을 때는 생각의 주위를 둘러싸고 그리스도께 순종하지 못하게 만든다. 인간의 이성적인 습관은 너무도 강하기 때문에 투쟁을 거치지 않고는 해결되지 않는다.

그러나 바울은 이론과 싸우기 위해 이론을 사용하지 않았다. 이치를 따지는 정신적인 성향은 영적인 무기, 즉 하나님의 능력으로 처리해야 한다. 우리와 싸우시는 분은 하나님이시다. 왜냐하면 우리가 하나님의 원수가 되었기 때문이다.

이치를 따지는 우리의 정신적인 습관은 선악을 알게 하는 나무에서 온 것이다. 우리의 이러한 정신이 하나님께 얼마나 큰 고충을 안겨다 주고 있는지 아는 사람은 너무도 적다. 사탄은 우리가 하나님께 사로잡힌 자가 되지 않고 오히려 하나님의 원수가 되게 하기 위해서 온갖 이론을 다 동원하여 우리를 노예로 만들려고 하고 있다.

창세기 3장은 고린도후서 10장을 예증해 준다. 사탄은 하와를 설득했고, 하와는 그 나무가 먹음직해 보여서 이론으로 응하고 말았다. 하와는 하나님의 말씀을 듣지 않았다. 왜냐하면 자기 나름대로의 이론이 있었기 때문이다.

이론이 생겨나면 인간의 생각은 올무에 걸린다. 이론과 생각은 밀접하게 붙어 있다. 전자는 후자를 사로잡으려고 한다. 일단 생각이 이론에 사로잡히게 되면, 그 사람은 그리스도께 순종할 수가 없다. 그러므로 우리가 참으로 하나님께 순종하고자 한다면 하나님의 권위가 어떻게 이론의 성을 파괴하는지 알아야 한다.

사로잡힌 마음을 탈환함

헬라어 신약성경에는 "noema"("noemata", 복수)라는 단어가 6회 사용된다. 즉 빌립보서 4:7, 고린도후서 2:11, 3:14, 4:4, 10:5, 11:3에 등장한다. 영어로는 "생각"(thought) 또는 "생각들"(thoughts)로 번역되는데, 그 의미는 "마음의 궤계"이다. "마음"은 능력이요, "궤계"는 마음의 행위, 곧 인간의 마음의 산물이다.

마음의 능력을 통해서 사람은 자유롭게 생각하고 결정한다. 이것은 그 사람 자신을 대표한다. 따라서 사람이 자신의 자유를 보존하려면, 자기가 품은 모든 생각이 선하고 바르다고 말해야 한다. 그는 자기의 생각이 방해를 받지 않도록 할 것이며, 따라서 그 주변에 많은 이론으로 울타리를 쳐야 할 것이다. 이렇게 해서 사람들은 주님을 믿지 못하게 된다. 이들은 이러저러한 이론의 울타리 안에 갇히기가 일쑤다.

불신자들은 이렇게 말하기도 한다. "나중에 늙어서 믿겠습니다." "많은 그리스도인들의 행실이 바르지 않더군요. 그래서 나는 믿을 수가 없습니다." "아직은 믿지 않겠어요. 부모님이 세상을 떠나실 때까지 기다리겠습니다."

이와 마찬가지로 신자들은 주님을 사랑하지 않는 핑계로 여러 가지를 댄다. 학생들은 공부하느라 너무 바쁘다고 말한다. 사업가들은 사업에 몰두해 있다. 병자들은 자신의 건강 상태가 너무 나쁘다고 생각한다. 하나님께서 이런 성들을 파괴하지 않으시면 사람들은 결코 자유를 얻지 못할 것이다.

사탄은 이론의 강한 성 안에 사람들을 감금한다. 대부분의 사람들은 너무나 많은 방어선 뒤에 있어서, 자유를 향해 뚫고 나가지 못하고 있다. 오직 하나님의 권위만이 모든 생각을 사로잡아 그리스도에게 복종시킬 수 있다.

권위를 알려면 먼저 인간의 이론이 전복되어야 한다. 하나님이 로마서 9장에 언급된 것과 같은 하나님이시라는 것을 알기 전까지는 인간의 이론이 파괴되지 않을 것이다. 일단 사탄의 성이 파괴되면, 더 이상 이론이 존재하지 않게 되며 인간의 생각을 사로잡아 그리스도께 복종시킬 수 있게 된다. 인간의 생각이 탈환된 후에야 비로소 그 사람은 진정으로 그리스도께 순종하는 사람이 된다.

사람의 말과 이론과 생각들이 충분히 처리되었는지를 살펴봄으로써 우리는 그 사람이 권위를 접했는지 접하지 못했는지를 알 수 있다. 사람이 일단 하나님의 권위를 접하면, 그의 혀는 감히 함부로 움직이지 못하며, 그의 이론과 더 깊은 데 있는 그의 생각은 더 이상 함부로 표현되지 못한다.

일반적으로 사람은 수많은 생각을 품고 있으며, 많은 이론으로 그 생각들을 방어하고 있다. 그러나 하나님의 권위가 사탄이 세운 모든 이론의 성을 파괴하고, 사람의 생각을 모두 탈환하여 그로 하여금 하나님의 자발적인 종이 되게 하는 날이 반드시 오고야 말 것이다. 그 후로 그는 더 이상 그리스도와 상관없이 독자적으로 생각하지 않을 것이며, 온전히 그리스도께 순종할 것이다. 이것이 완전한 해방이다.

권위를 만나 본 적이 없는 사람은 흔히 하나님의 상담역이 되기를 갈망한다. 그러한 사람은 아직 생각이 하나님께 정복당하지 않은 사람이다. 그가 어디를 가든지 제일 먼저 생각하는 것은 어떻게 하면 그 상황을 개선할 수 있을까 하는 것이다. 그의 생각은 징계를 받은 적이 없기 때문에 무수한 이론들이 끊임없이 생겨난다.

우리는 모든 생각들이 하나님께 사로잡힌 바 될 때까지, 주께서 우리 안에서 절단 작업을 하셔서 우리 생각의 아주 깊은 곳을 절단하시도록 허용해야 한다. 이렇게 한 후에 우리는 하나님의 권위를 인식하게 될 것이며, 감히 따지거나 충고하는 일은 하지 않을 것이다.

우리는 마치 이 우주에 전지한 존재가 두 사람 있는 것처럼 행동한다. 그것은 하나님과 나 자신이다. 나는 모든 것을 다 알고 있는 고문이다. 이러한 태도야말로 나의 생각이 아직 탈환되지 않았고 권위에 대해 아무것도 모른다는 사실을 폭로하는 것이다.

만일 나의 이론의 울타리가 하나님의 권위에 의해 실제로 전복되었다면, 더 이상 하나님께 조언할 수 없으며 그런 일에 관심도 갖지 않을 것이다. 나의 생각은 하나님께 예속될 것이며, 나는 더 이상 자유인이 되려고 하지 않을 것이다(육적인 자유는 사탄의 공격의 기반이다. 이것은 반드시 박탈되어야 한다). 나는 하나님의 말씀을 기꺼이 들으려고 할 것이다.

사람의 생각은 다음 두 세력 중 하나의 지배를 받는다. 즉 이론의 지배를 받든지 아니면 그리스도의 권위의 지배를 받는다. 사실 이 세상에서 자기의 의지를 자유롭게 행사할 수 있는 사람은 아무도 없다. 왜냐하면 사람은 이론에 사로잡혀 있든지 아니면 그리스도께 사로잡혀 있기 때문이다. 결국 사람은 사탄을 섬기거나 하나님을 섬기고 있다.

어떤 형제가 권위에 접했는지의 여부는 다음과 같은 사항을 살펴봄으로써 쉽게 식별된다.

① 그가 거역하는 말을 하고 있는지의 여부
② 그가 하나님 앞에서 논증하고 있는지의 여부
③ 그가 여전히 많은 의견들을 제시하고 있는지의 여부

이론을 파하는 것은 단지 소극적인 면이다. 이것의 적극적인 면은 사람의 모든 생각을 사로잡아 그리스도에게 복종시킴으로써 더 이상 자신의 독단적인 의견을 내놓지 않도록 하는 것이다. 과거에는 나의 많은 생각들을 지지하기 위해 많은 논쟁을 벌였으나 지금은 더 이상 논쟁할 일이 없다. 왜냐하면 내가 사로잡힌 바 되었기 때문이다. 사로잡힌 자는 자유가 없다.

누가 종의 의견에 관심을 쏟겠는가? 종은 자신의 의견을 제시하지 않고 다만 타인의 생각을 받아들여야 한다. 따라서 그리스도께 사로잡힌 바 된 우리는 자신이 조언을 하려고 해서는 안 되며 하나님의 생각을 받아들일 준비가 되어 있어야 한다.

완고한 사람에 대한 경고

1. 바울

천성적으로 바울은 현명하고 유능하며 지혜롭고 이성적인 사람이었다. 바울은 언제나 일들을 처리하는 방도를 찾아낼 수 있었고, 확신이 있었으며, 열심으로 하나님을 섬겼다. 그러나 그가 그리스도인들을 체포하기 위해 많은 사람들을 이끌고 다메섹으로 갈 때, 큰 빛을 보고 땅에 엎드러졌다.

그때 그곳에서 바울의 모든 계획과 방법과 능력은 무너져 버렸다. 바울은 다소로도 예루살렘으로도 돌아가지 않았다. 그는 다메섹에서 하려던 일을 포기했을 뿐만 아니라 그 일에 대한 자신의 모든 이론까지 팽개쳐 버렸다.

많은 사람들이 어려운 문제를 만나면 방향을 바꾸며, 처음엔 이렇게 해보다가 다음에는 저렇게 해보는 등 갖가지 수단을 다 써 본다. 그러나 무엇을 하든지 그들은 계속해서 자신의 방법과 생각에 따라 나아간다. 그들은 참으로 어리석어서 하나님께 얻어맞은 후에도 넘어질 줄 모른다. 하나님은 그들을 쓰러뜨리셨으나, 그들은 자신의 이론과 사상에 대해서 굽히지 않으려 한다. 그리하여 많은 사람들은 다메섹으로 가는 길이 막혀도 계속해서 다소나 예루살렘으로 가려고 한다.

그러나 바울은 그렇지 않았다. 그는 한 번 얻어맞고는 모든 것을 버렸다. 바울은 아무 말도 아무런 생각도 할 수 없었다. 그는 전혀 아무 것도 몰랐다. 바울은 "주여, 어찌해야 하오리까?"라고 물었다. 우리는 여기서 그 생각이 주님께 사로잡힌 바 되어서 마음속 깊은 데서부터 순종을 행한 한 사람을 볼 수 있다. 전에는 환경이 어떠하든 간에 다소의 사울이 언제나 주도적인 역할을 했으나, 이제는 하나님의 권위를 접하고서 자기의 의견을 모두 버렸다.

사람이 하나님을 만났다는 첫번째 증거는 그 사람의 의견과 지혜가 사라지는 데서 나타난다. 우리는 놀라운 빛을 우리에게 허락해 달라고 정직하게 하나님께 간구해야 하리라. 바울은 다음과 같이 말하는 듯했다. "나는 하나님께 다시 사로잡힌 사람이며, 주님께 매인 포로입니다.

지금은 내가 생각하고 결정할 때가 아니라, 하나님의 말씀을 듣고 순종해야 할 때인 줄 압니다."

2. 사울왕

사울왕은 물건을 훔쳐서가 아니라 하나님께 제사드리기 위해 가장 좋은 양과 소를 남겨 두었기 때문에 하나님께 거절을 당했다. 이것은 그 자신의 생각에서 비롯된 처사였다. 즉 그는 그렇게 하는 것이 하나님을 기쁘시게 하는 일이라고 생각했다. 하나님이 사울을 거절하신 이유는 그의 생각이 하나님께 온전히 사로잡히지 않았기 때문이었다.

사울왕이 열심으로 하나님을 섬기지 않았다고 말할 수 있는 사람은 아무도 없다. 사울왕은 거짓말을 하지 않았다. 왜냐하면 실제로 그는 가장 좋은 소와 양을 남겨 두었기 때문이다. 그러나 그는 자신의 생각에 따라 결정을 내렸다(사무엘상 15장을 보라).

결론은 명백하다. 하나님을 섬기는 사람은 절대로 자기 자신의 생각에 기초해서 결정을 내려서는 안 되며, 다만 하나님의 뜻대로 행해야 한다. 우리는 기대하는 마음으로 이렇게 말해야 한다. "주여, 내가 무엇을 하기를 원하시나이까?" 더 이상 말하는 것은 전적으로 잘못된 것이다. 순종이 제사보다 낫다고 했다. 인간은 하나님께 조언할 권리가 전혀 없다.

사울왕은 이 양과 소들을 보고 제사를 드리기 위해 살려 두고 싶은 생각이 들었다. 그의 마음은 하나님을 향해 있었을지 모르나, 순종의 정신은 부족했다. 하나님을 향한 마음이 "나는 감히 아무 말도 하지 않겠습니다"라는 순종의 태도를 대신할 수 없으며, 기름진 제사가 "아무 주장도 하지 않는 것"을 대체할 수는 없는 법이다.

사울왕은 하나님께서 명하신 대로 양과 소를 비롯해 모든 아말렉 사람을 멸하지 않았기 때문에 그는 아말렉 사람에 의해 죽음을 당했으며, 그로 인해 그의 통치는 끝나고야 말았다. 누구든지 자기 생각대로 아말렉 사람을 살려 두는 사람은 결국 자신이 아말렉 사람에게 죽음을 당할 것이다.

3. 나답과 아비후

나답과 아비후는 자기 아버지의 권위에 순종하지 않았기 때문에 제사 문제에 있어서 반역자들이 되고 말았다. 그들은 자기들의 생각을 실행에 옮기려고 했다. 그들은 다른 불을 드림으로써 하나님께 범죄했다. 그들은 하나님의 통치에 어긋나는 일을 행한 것이다. 그들은 한마디도 말하지 않았고 어떤 이론도 제시하지 않았지만, 자신들의 생각과 느낌에 따라 분향을 했다. 그렇게 하고도 자기들이 잘한 것으로 여겼다.

만일 그들이 잘못을 범했다면 그것은 단지 선한 일, 즉 하나님을 섬기는 일에 지나친 것이리라. 그들은 그런 잘못쯤은 대수롭지 않은 것이라고 생각했다. 그러나 자신들이 공공연하게 하나님께 버림을 받고 죽음의 형벌을 받게 되리라는 것은 전혀 알지 못했다.

하나님 나라의 증거는 순종을 통해서 온다

하나님께서는 우리가 얼마나 열심히 복음을 전하는지 또는 얼마나 기꺼이 하나님을 위해 고난을 받는지를 보시는 것이 아니라, 우리가 얼마나 순종하는지를 주의하여 보고 계신다. 하나님의 나라는 하나님에 대한 온전한 순종이 있을 때 시작된다. 즉 자신의 의견을 말하지 않고, 이론을 제시하지도 않으며, 불평하거나 비방하지도 않고 오로지 순종할 때에 하나님의 나라가 시작된다.

창세 이래로 하나님은 이런 영화로운 날을 기다리고 계신다. 비록 하나님께서는 순종의 첫 열매인 맏아들이 계시지만, 나머지 많은 아들들도 그 맏아들과 같이 되기를 바라신다. 참으로 하나님의 권위에 순종하는 교회가 있는 곳마다 하나님의 나라의 증거가 있고 사탄이 패배를 당한다. 사탄은 우리가 거역의 원리를 따라 행동하는 한 우리의 사역을 겁내지 않는다. 다만 우리가 자신의 생각에 따라서 어떤 일을 행할 때 숨어서 비웃을 따름이다.

모세의 율법은 법궤를 레위인들이 메야 한다고 말하고 있으나, 블레셋 사람들은 그것을 소의 수레에 실어서 이스라엘에게 되돌려 보냈다. 다윗은 이 법궤를 그의 성으로 운반하는 데 있어서 하나님의 의견을 묻지 않았다. 그는 자신의 생각에 따라 그것을 새 수레에 실어 운반하도록 명령했다.

소들이 뛰므로 법궤가 떨어지려 했다. 웃사가 손을 내밀어 하나님의 궤를 붙잡자, 그 즉시 하나님에 의해 죽었다. 비록 법궤가 떨어지지는 않았지만, 그것은 마땅히 있어야 할 레위인의 어깨 위에 있지 않고 소의 수레 위에 있었던 것이다.

이전에 레위인이 법궤를 메고 요단강을 건널 때에는 강물의 범람에도 불구하고 안전하고 요동하지 않았다. 이 대조적인 상황으로 우리가 알 수 있는 사실은, 하나님은 우리가 자신의 생각을 하나님께 말하는 것을 원치 않으시고 오로지 하나님께 순종하기를 원하신다는 것이다.

하나님의 뜻이 아무런 방해도 받지 않고 실행될 수 있으려면, 먼저 하나님께서 우리를 비우셔야만 한다. 만일 우리가 인간의 사상을 가지고 오면 봉사의 길은 영원히 막혀 버린다. 하나님이 통치하셔야 한다. 인간이 하나님께 조언하려 해서는 안 된다.

그런즉 인간의 생각은 완전히 제거되어야 한다. 과거에는 우리 자신의 힘으로 살아가는 데서 자유를 발견하였으나, 지금은 우리의 생각이 온전히 하나님께 사로잡혀 그리스도께 복종하는 데서 참된 자유를 발견한다. 우리의 자유를 상실해 버림으로 우리는 주님 안에서 참된 자유를 얻게 된다.

"너희의 복종이 온전히 될 때에 모든 복종치 않는 것을 벌하려고 예비하는 중에 있노라"(고후 10:6). 온전한 순종은 생각이 사로잡힌 후에만 가능하다. 아직도 하나님께 조언하려고 하는 사람은 온전히 순종하는 것이 아니다. 하나님은 우리의 순종이 온전히 될 때에 모든 복종치 않는 것을 벌하려고 준비하는 중이시다.

우리가 믿는 자들로서 우리 자신의 생각이나 의견을 취하기를 두려워하면서 하나님께 절대적으로 순종할 때, 하나님은 이 세상에서 하나님의 권위를 나타내실 수 있을 것이다. 교회가 순종치 않는다면, 어떻게 우리가 세상이 순종할 것을 기대할 수 있겠는가? 불순종하는 교회는 불신자들이 복음에 순종하기를 기대할 수 없다. 그러나 순종하는 교회가 있으면, 복음에 대한 순종도 나타날 것이다.

우리는 모두 우리의 입이 함부로 말하지 않고, 우리의 이성이 논쟁을 걸지 않으며, 우리의 마음이 하나님께 조언을 하지 않도록 훈련받는 것을 배워야 한다. 영광의 길은 바로 우리 앞에 놓여 있다. 하나님은 이 세상에서 하나님의 권위를 나타내실 것이다.

11
권위에 대한 순종의 한계

믿음으로 모세가 났을 때에 그 부모가 아름다운 아이임을 보고 석 달 동안 숨겨 임금의 명령을 무서워 아니하였으며(히 11 : 23).

그러나 산파들이 하나님을 두려워하여 애굽 왕의 명을 어기고 남자를 살린지라(출 1 : 17).

만일 그럴 것이면 왕이여 우리가 섬기는 우리 하나님이 우리를 극렬히 타는 풀무 가운데서 능히 건져내시겠고 왕의 손에서도 건져내시리이다 그리 아니하실지라도 왕이여 우리가 왕의 신들을 섬기지도 아니하고 왕의 세우신 금 신상에게 절하지도 아니할 줄을 아옵소서(단 3 : 17, 18).

다니엘이 이 조서에 어인이 찍힌 것을 알고도 자기 집에 돌아가서는 그 방의 예루살렘으로 향하여 열린 창에서 전에 행하던 대로 하루 세 번씩 무릎을 꿇고 기도하며 그 하나님께 감사하였더라(단 6 : 10).

저희가 떠난 후에 주의 사자가 요셉에게 현몽하여 가로되 헤롯이 아기를 찾아 죽이려 하니 일어나 아기와 그의 모친을 데리고 애굽으로 피하여 내가 네게 이르기까지 거기 있으라 하시니(마 2 : 13).

베드로와 사도들이 대답하여 가로되 사람보다 하나님을 순종하는 것이 마땅하니라(행 5 : 29).

복종은 절대적이나 순종은 상대적이다[1]

복종(submission)이 태도의 문제인 반면에, 순종(obedience)은 행위의 문제이다. 베드로와 요한은 유대 종교 회의에서 이렇게 대답했다. "하나님 앞에서 너희 말 듣는 것이 하나님 말씀 듣는 것보다 옳은가 판단하라"(행 4:19).

그들은 아직 권위를 가진 사람들에게 복종하고 있었으므로, 그들의 정신은 반역적이지 않았다. 그렇지만 순종은 절대적이 될 수 없다. 어떤 권위에는 반드시 순종해야 하지만, 또 어떤 권위에는 순종해서는 안 된다. 특히 주님을 믿는 것이나 복음을 전하는 것 등의 기독교의 근본적인 문제에 대해서는 순종하지 말아야 할 권위가 있다.

자녀들은 부모에게 제안할 수는 있지만 복종하지 않는 태도를 보여서는 안 된다. 복종은 절대적이다. 때로는 순종이 복종일 때도 있지만, 어떤 경우에는 순종할 수 없는 것이 복종일 때가 있다. 어떤 제안을 할 때에도 우리는 복종의 태도를 유지해야 한다.

사도행전 15장은 교회 모임의 좋은 예를 보여 주고 있다. 교회의 모임에서는 제안도 하고 토론도 하지만, 한 번 결정을 내리면 모두 복종해야 한다.

위임 권위에 대한 순종의 한계

만약 부모가 자녀들이 성도의 모임에 나가는 것을 막는다면, 자녀

---

[1] 우리는 보통 복종과 순종을 혼용하고 있지만, 엄격히 말하면 이 양자는 서로 구별된다. 복종(submission)은 헬라어 ὑποτάσσω(……권위 아래 들어가다)에서, 순종(obedience)은 ὑπακούω(말을 듣다, 경청하다)에서 온 것이다. 따라서 전자는 절대적이고 후자는 상대적이다─역자 주.

들은 꼭 순종해야 하는 것은 아니지만 반드시 부모에 대한 복종의 태도는 유지해야 한다. 이것은 사도들의 유대 공회에 대한 태도와 유사하다. 사도들은 공회에서 복음 전파를 금지당했지만 재판을 받는 동안 줄곧 복종의 정신을 유지했다. 그러면서도 그들은 또한 주님이 명령하신 일을 계속 해나갔다.

그들은 싸우거나 큰소리를 내면서 불순종한 것이 아니라, 다만 조용하고 부드럽게 공회의 결정에 반대를 표명했다. 거기에 절대로 정부의 권세에 대한 모욕적인 말이나 반항하는 태도가 있어서는 안 되었다. 권위를 아는 사람은 부드럽고 온화하다. 그는 마음과 태도와 말에 있어서 절대적으로 복종할 것이다.

위임 권위(하나님의 권위를 대표하는 사람)와 직접 권위(하나님 자신)가 충돌할 경우, 사람은 위임 권위에 대해서 복종은 하지만 순종해서는 안 된다. 이 사실을 다음 세 가지 요점으로 요약해 보자.

1. 순종은 행위와 관련이 있다. 순종은 상대적이다. 그러나 복종은 마음의 태도와 관련이 있다. 복종은 절대적이다.

2. 하나님만이 특별히 무조건적인 순종을 받으신다. 하나님보다 낮은 사람은 단지 제한된 순종만을 받을 수 있다.

3. 위임 권위자가 하나님의 명령에 명백히 모순되는 명령을 발했을 경우, 우리는 그에게 복종은 하되 순종은 할 수 없다. 우리는 하나님으로부터 위임 권위를 받은 사람에게는 복종해야 하지만, 하나님께 대항하는 명령 자체에는 불순종해야 한다.

가령 부모가 자녀들에게 그리스도인으로서 가지 않는 편이 나은 곳(그러나 죄의 문제가 관련된 곳은 아니다)에 가기를 원한다면, 그때는 그 문제를 놓고 토론해 볼 수 있다. 복종은 절대적이지만, 순종은 생각해 보고서 결정해도 된다.

토론해 본 결과, 부모가 억지로라도 보내려고 한다면 가야 한다. 그러나 부모가 구태여 강요하지 않는다면 가지 않아도 된다. 이런 경우 당신이 자녀로서의 올바른 태도를 유지한다면 하나님께서 당신을 그러한 상황에서 구출해 주실 것이다.

성경에 나타난 실례들

1. 산파들과 모세의 어머니는 바로의 명령에 불순종하고 모세를 살려 주었다. 그렇지만 그들은 믿음의 여인들로 인정받았다.

2. 다니엘의 세 친구는 느부갓네살왕이 세운 금 신상 앞에 절하기를 거절했다. 그들은 왕의 명령에 불순종했지만, 왕에게 복종하여 불 속에 들어갔다.

3. 다니엘은 왕의 명령을 무시하고 하나님께 기도를 드렸다. 그러나 그는 왕의 판결에 복종하여 사자굴에 들어갔다.

4. 요셉은 주 예수를 데리고 애굽으로 도망가서, 아이가 헤롯왕에게 죽음을 당하지 않게 했다.

5. 베드로는 공회의 명령에 위배되었지만 복음을 전했다. 왜냐하면 그는 사람의 말에 순종하는 것보다 하나님께 순종하는 것이 더 옳다고 말했기 때문이다. 그러나 그는 감옥에 들어가는 것을 거부하지 않았다.

순종하는 사람에게 따르는 필수적인 표지들

어떤 사람이 권위에 순종하고 있는지의 여부는 어떻게 판별할 수 있는가? 다음과 같은 표지들에 의해 알 수 있다.

1. 권위를 아는 사람은 어디를 가든지 자연스럽게 권위를 찾아 순종하려고 한다. 교회는 순종을 배울 수 있는 곳이다. 이 세상에는 참으로 순종과 같은 것이 없기 때문이다. 그리스도인만이 순종할 수 있다. 또한 그리스도인은 단지 외형적인 순종이 아니라 마음에서부터 우러나오는 순종을 배워야 한다. 이 순종의 교훈을 배우고 나면 그리스도인은 어디서나 권위를 찾고 또 발견할 것이다.

2. 하나님의 권위를 접한 사람은 부드럽고 온화하다. 그는 이미 부드럽게 녹아서 딱딱해질 수가 없다. 그는 나쁜 성질을 갖게 될까봐 두려워하며, 부드러움을 유지한다.

3. 참으로 권위를 만난 사람은 결코 권위자가 되고 싶어하지 않는다. 그는 권위자가 될 생각도 없고 관심도 없다. 그는 조언하는 것을 기뻐하지 않으며, 타인을 지배하는 것을 즐거워하지도 않는다. 진정으로 순종하는 사람은 항상 과오를 범할까봐 염려한다. 그러나 안타깝게도 하나님의 고문이 되기를 열망하는 사람들이 얼마나 많은가! 권위를 모르는 사람들만이 권위자가 되기를 원한다.

4. 권위를 접한 사람은 그 입을 굳게 닫고 있다. 그는 제재를 받고 있다. 그는 권위를 의식하고 있기 때문에 감히 함부로 지껄이지 않는다.

5. 권위를 접한 사람은 자기 주위에 있는 모든 불법과 거역의 행위에 민감하다. 그는 불법의 원리가 세상은 물론 교회에까지 가득 차 있는 것을 알게 된다. 권위를 체험한 사람만이 다른 사람들을 순종으로 이끌 수 있다. 형제 자매들은 권위에 순종하는 것을 배워야 한다. 그렇지 않으면 교회는 이 세상에 아무런 증거도 내놓지 못할 것이다.

권위를 앎으로써 질서가 유지된다

사람들이 권위를 생생하게 접하지 않고는 순종과 권위를 확립하는 것이 불가능하다. 그것은 권위에 대한 순종의 원리에서 비롯되기 때문이다.

예를 들어 보자. 당신이 두 마리의 개를 함께 매어 놓고 그 중 한 마리는 다스리게 하고 나머지 한 마리는 복종하게 하려고 아무리 애를 써 보아도 소용이 없을 것이다. 오직 권위와의 생생한 접촉만이 권위에 대한 순종의 결여에서 야기되는 문제들은 능히 해결할 수 있다. 어떤 사람은 권위를 거스르는 순간 즉시 자기가 하나님을 거슬렀다는 것을 알게 된다.

한 번도 권위를 접하지 못한 사람에게 과오를 지적해 주는 것은 소용없는 일이다. 먼저 그가 권위를 알 수 있도록 인도하고, 그 다음에 그의 과오를 알려 주어야 한다. 우리는 다른 사람을 돕다가 오히려 그들의 반역에 함께 빠져 들어가지 않도록 조심해야 한다.

마르틴 루터가 이신칭의의 근본 원리를 주장한 것은 합당한 일이었는가? 그렇다. 왜냐하면 그는 진리를 주장함에 있어서 하나님께 순종했기 때문이다. 마찬가지로 우리도 교파적인 근거를 뒤로하고 지역 교회의 통일성에 관한 증거를 주장하는 것은 지당한 일이다.

우리는 그리스도의 몸과 그리스도의 영광을 보았다. 따라서 그리스도의 이름 외에 다른 이름을 지닐 수 없다. 주님의 이름이 중요하다. 왜 우리는 "피로 구원을 받았다"고 말하지 않고 "주님의 이름으로 구원을 받았다"고 말하는가? 그것은 주님의 이름이 또한 주님의 부활과 승천을 말해 주기 때문이다. "다른 이로서는 구원을 얻을 수 없나니 천하 인간에 구원을 얻을 만한 다른 이름을 우리에게 주신 일이 없음이니라"(행 4 : 12).

우리는 주님의 이름으로 세례를 받으며, 또한 그의 이름으로 함께 모인다. 십자가와 보혈만으로는 교파의 문제를 해결할 수 없다. 그러나 우리가 일단 승천하신 주님의 영광을 보면, 더 이상 주님의 이름 외에 다른 이름을 주장하지 못한다. 우리는 다른 이름은 다 거절하고 주님의 이름만 높일 수 있다. 오늘날의 조직화된 교파들은 주님의 영광에 대한 일종의 모욕이다.

생명과 권위

교회는 두 가지 본질적인 요소에 의해 유지된다. 그것은 생명과 권위이다. 우리가 받아들인 내재하는 생명은 복종의 생명으로서, 그것이 우리로 하여금 권위에 순종할 수 있게 만든다. 교회 안의 문제들이 외적인 불순종의 문제에서 나타나는 예는 희귀하고, 대개는 내적인 복종의 결여와 관계가 있다. 그러나 새가 날고 물고기가 헤엄치는 것같이, 우리 생명의 지배적인 원리는 복종이다.

에베소서 4 : 13에 있는 "우리가 다 하나님의 아들을 믿는 것과 아는 일에 하나가 되어"라는 말씀은 우리와는 거리가 먼 말처럼 들린다. 그러나 우리가 권위를 알고 있다면 이 말씀은 실제로 멀리 떨어져 있는 것은 아닐 것이다.

비록 성도들의 의견은 제각기 다르더라도 피차간에 불순종은 없다. 왜냐하면 의견은 달라도 피차 복종할 수 있기 때문이다. 그리하여 우리는 믿음 안에서 하나이다.

오늘날 우리는 이미 내재하는 생명을 갖고 있고, 그 생명의 지배적 원리를 어느 정도 경험했다. 그런즉 하나님이 우리에게 자비를 베푸시니 우리는 빠르게 전진하자. 우리가 받아들인 생명은 소극적인 면에서 죄를 처리할 뿐만 아니라 더 나아가 극히 중요하고도 적극적인 면에서 순종하기 위한 것이다.

거역의 정신이 우리에게서 떠날 때 교회에는 순종의 정신이 빠르게 회복될 수 있을 것이며, 따라서 에베소서 4장에서 말하는 것과 같은 고상한 상태가 될 것이다. 모든 지역 교회들이 이러한 순종의 길에서 행한다면, 우리 앞에는 믿음의 하나됨이라는 영광스러운 사실이 틀림없이 전개될 것이다.

Part two

제 ❷ 부

위임 권위자들

DELEGATED AUTHORITIES

12

하나님이 인정하시는 위임 권위자들

위임 권위자에게 순종하는 것과 위임 권위자가 되는 것

하나님의 자녀들은 권위를 인정할 줄 알아야 할 뿐 아니라, 자기가 마땅히 순종해야 할 대상을 찾아야 한다. 백부장은 예수님에게 이렇게 말했다. "나도 남의 수하에 있는 사람이요 내 아래도 군사가 있나이다"(마 8:9). 그는 참으로 권위를 아는 사람이었다.

오늘날 하나님께서는 그 권세로 온 우주를 떠받치고 계실 뿐 아니라, 그 권세로 하나님의 자녀들을 함께 모으신다. 만일 어떤 사람이 하나님의 자녀로서 독립적이고 자기 의존적인 자세를 취하며 하나님의 위임 권위에 순종할 줄 모른다면, 그는 이 세상에서 하나님의 일을 결단코 성취할 수 없다.

하나님의 자녀들은 다른 사람들과 잘 협동하기 위해 제각기 자기가 순종해야 할 권위를 찾아야 한다. 슬픈 일이지만 많은 사람들이 이 점에서 실패를 거듭해 왔다.

자기가 믿을 대상을 모르고서 어찌 믿을 수 있으며, 사랑할 대상을 모르고서 어찌 사랑할 수 있으며, 순종할 대상을 모르고서 어찌 순종할 수 있겠는가? 교회 안에는 우리가 마땅히 복종해야 할 많은 위임 권위들이 있다. 우리는 그 위임 권위들에 복종함으로써 하나님께 복종하는 것이다. 우리가 순종의 대상을 선택하려 해서는 안 된다. 다만 우리는 모든 권위에 순종하는 것을 배워야 한다.

누구든지 먼저 권위 아래 들어가는 것을 배우지 않고는 하나님의 위임 권위자가 될 수 없다. 자신의 반역이 처리되기 전까지는 아무도 권위를 행사하는 방법을 알지 못한다. 하나님의 자녀들은 흩어 놓은 실뭉치나 오합지졸이 아니다.

권위의 증거가 없으면 교회도 없고 사역도 없다. 이것이 심각한 문제를 제기한다. 우리가 피차 복종하고 또 위임 권위에 복종하는 것을 배우는 일은 필수적이다.

위임 권위자의 3가지 필요 조건

하나님의 위임 권위자들은 개인적으로 권위를 알고 또 권위 아래 사는 것 외에도, 다음 3가지 주요 요구 사항을 만족시키지 않으면 안 된다.

1. 위임 권위자는 모든 권위가 하나님으로부터 온다는 것을 필히 알고 있어야 한다

위임 권위자로 소명을 받은 사람은 "권세는 하나님께로 나지 않음이 없나니 모든 권세는 다 하나님의 정하신 바라"(롬 13:1)는 사실을 기억하고 있어야 한다.

그 자신이 권위자는 아니며 또한 누구도 자기 자신을 권위자로 만들 수 없다. 그의 의견이나 관념이나 생각이 다른 사람보다 더 나은 것도 아니다. 그런 것들은 전적으로 무가치하다. 다만 하나님으로부터 오는 것만이 권위를 형성하고 또 사람의 순종을 요구할 수 있다. 위임 권위자는 하나님의 권위를 대표한다. 그러므로 자기가 권위를 가진 것으로 생각해서는 안 된다.

우리 자신은 가정에서나 세상에서나 교회에서 지극히 작은 권위도 갖고 있지 않다. 우리가 할 수 있는 일은 하나님의 권위를 이행하는 것뿐이다. 우리는 스스로 권위를 창조해 낼 수 없다. 경찰이나 판사는 권위를 행사하고 법을 집행하지만, 그들이 직접 법률을 작성해서는 안 된다.

마찬가지로, 교회에서 권위의 자리에 앉은 사람들도 다만 하나님의 권위를 대표할 따름이다. 그들의 권위는 하나님을 대표하는 자격 때문에 주어진 것이지 그들 자신이 다른 사람들보다 뛰어난 점이 있기 때문에 주어진 것이 아니다.

어떤 사람이 권위자가 되는 것은 그가 어떤 관념이나 사상을 갖고 있는 데 근거하는 것이 아니라, 하나님의 뜻을 아는 데 달려 있다. 즉 하나님의 뜻을 아는 정도에 따라 그의 위임 권위가 결정된다. 하나님은 그 사람이 하나님의 뜻을 얼마나 알고 있느냐를 근거로 해서 위임 권위자로 세우신다.

그러므로 위임 권위자가 되는 것은 많은 관념이나 강한 소신이나 고상한 사상을 갖고 있는 것과는 전혀 무관한 것이다. 실제로 자기 생각이 강한 사람은 교회에서 다루기 힘든 문제의 인물이 된다.

많은 젊은 형제 자매들은 아직 많이 배우지 못해서 하나님의 뜻을 알지 못하므로, 하나님께서는 그들을 권위 아래 두셨다. 권위를 받은 자들은 이 젊은이들에게 하나님의 뜻에 대한 지식을 가르칠 책임이 있다. 그러나 그 젊은이들을 개별적으로 다룰 때, 위임 권위자는 그 특정한 일에 대한 주님의 뜻이 무엇인지를 분명히 알고 있어야 한다. 그렇게 할 때 그는 하나님의 대행자로서 활동하며, 권위를 자기고 사역하게 된다. 그러한 지식이 없으면 그는 순종을 요구할 권세가 없는 것이다.

하나님의 권위에 순종하기를 배우지 않고 또 하나님의 뜻을 이해하지 않고는 그 누구도 하나님의 위임 권위자가 될 수 없다. 예를 들어 보자. 어떤 사람이 회사를 대표해서 사업상의 계약을 체결할 때에, 그는 계약서에 도장을 찍기 전에 먼저 회사의 경영주와 상의를 해야 한다. 그는 독자적으로 계약을 체결할 수 없다.

마찬가지로 하나님의 위임 권위자로서 활동하는 사람은 권위를 행사하기 이전에 먼저 하나님의 뜻과 방법을 알아야 한다. 하나님의 위임 권위자라고 해서 하나님이 내리시지 않은 명령을 형제 자매들에게 해서는 안 된다. 하나님께서 승인하지도 않으신 일을 다른 사람들에게 행하라고 말한다면, 그는 하나님을 대표하는 것이 아니라 자기 자신을 대표하는 것이다.

그러므로 그는 하나님을 대신해서 활동하기에 앞서 먼저 하나님의 뜻을 알아야 한다. 그때 그의 행동은 하나님의 인정을 받을 것이다. 오직 하나님의 승인을 받은 판단만이 권위가 있다. 인간에게서 나오는 것은 무엇이든지 전적으로 권위가 결여되어 있다. 왜냐하면 그것은 다만 그 자신만을 대표하기 때문이다.

이런 이유로 우리는 반드시 높이 올라가서 영적인 것들을 깊이 접촉하는 법을 배워야 한다. 우리는 하나님의 뜻과 방법에 관한 지식을 더 풍성하게 가져야 한다. 그래서 남들이 보지 못한 것을 보아야 하며 남들이 가지지 못한 것을 가져야 한다.

우리의 행함은 하나님 존전에서 배운 것에서 말미암아야 하고, 또 우리가 말하는 것은 하나님을 체험한 것에서 나와야 한다. 하나님을 떠나서는 권위가 없다. 만일 우리가 하나님 존전에서 아무것도 본 것이 없다면, 사람들 앞에서 전혀 권위가 없다. 모든 권위는 우리가 하나님 존전에서 배우고 안 것에 기초해야 한다.

나이가 더 많기 때문에 어린 자들을 억압할 수 있다거나, 형제이기 때문에 자매를 억누를 수 있다거나, 성미가 급하기 때문에 느긋한 사람을 진압할 수 있다고 생각지 말자. 그렇게 하려고 해도 되지 않을 것이다. 다른 사람들이 권위에 복종하기를 원하는 사람은 자기가 먼저 하나님의 권위를 알아야 한다.

2. 위임 권위자는 자기 자신을 부인해야 한다

하나님의 뜻을 알기 전까지는 입을 열지 말아야 한다. 그는 함부로 권위를 행사해서는 안 된다. 하나님을 대표하는 사람은 적극적인 면으로는 하나님의 권위가 무엇인가를 배워야 하고, 소극적인 면으로는 자기 자신을 부인할 줄 알아야 한다. 하나님도 형제 자매들도 당신의 생각을 소중히 여기지 않을 것이다. 아마 당신의 의견이 최고라고 생각하는 사람은 이 세상에서 당신뿐일 것이다.

많은 의견과 관념과 주관적인 생각을 갖고 있는 사람은 경계해야 할 인물이다. 그들은 누구에게나 상담자 노릇을 하려고 든다. 그들은 기회란 기회는 모조리 다 포착해서 자기들의 생각을 남에게 주입시키려고 한다. 하나님은 결코 자신의 의견과 관념과 생각으로 꽉 차 있는 사람을 하나님의 권위를 대표하는 자로 사용하지 않으신다.

가령 돈을 헤프게 쓰는 사람을 누가 경리로 채용하겠는가? 그런 사람을 채용하는 것은 심각한 문제를 자초하는 것이다. 하나님도 많은 손실을 입지 않기 위해서 그토록 많은 의견을 가진 사람을 하나님의 위임 권위자로 등용하지는 않으실 것이다.

우리는 주님에 의해 완전히 부서지지 않는 한, 하나님의 위임 권위자가 될 자격이 없다. 하나님이 우리를 부르신 것은 하나님의 권위를 대표하기 위함이지 하나님의 권위를 대체하기 위함은 아니다. 하나님은 그의 인격 및 지위에 있어서 주권자이시다.

하나님의 뜻은 온전히 하나님의 것이다. 하나님은 결코 인간과 의논하지 않으시며, 또 그 누구도 하나님의 상담자가 되는 것을 허용하지 않으신다. 따라서 권위를 대표하는 사람은 결코 자기 주관을 내세워서는 안 된다.

이 말은 그가 하나님께 쓰임을 받으려면 아무런 의견이나 생각이나 판단도 가지지 않을 정도로 약해져야 한다는 뜻이 아니다. 그것은 그 사람이 참으로 깨어져야 한다는 뜻이다. 즉 그의 영리함과 의견과 생각이 모두 완전히 분쇄되어야 한다.

천성적으로 말이 많은 사람, 완고한 사람, 자부심이 강한 사람은 철저하게 깨져서 근본적으로 굴복하는 것이 필요이다. 이것은 어떤 교리나 모방이 될 수 없다. 그것은 육신의 상처가 되어야 한다. 사람은 하나님께 얻어맞은 후에야 하나님 존전에서 두렵고 떨리는 가운데 살게 된다.

그는 입을 함부로 열지 않는다. 그의 체험이 겨우 교리나 모방에 불과하다면, 세월이 흐름에 따라 무화과나무 잎은 곧 시들고 만다(창 3:7). 그리고 자신의 본래 모습이 그대로 다시 드러난다. 그런즉 우리가 자신의 의지로 스스로를 통제하려고 하는 것은 무익한 일이다. 우리는 말을 많이 하는 가운데 곧 자제심을 잃고 우리의 실상을 그대로 노출시키고 만다. 우리는 하나님의 빛에 의해 죽음을 당해야 한다.

민수기 22:25의 발람처럼, 우리는 담에 부딪쳐 발을 상하게 하는 체험이 필요하다. 그러면 그때 우리는 움직일 때마다 통증을 느낄 것이며, 함부로 말을 내뱉지 않을 것이다. 발 다친 사람보고 천천히 걸으라고 충고할 필요는 없다. 이런 쓰라린 체험을 가짐으로써 우리는 자신으로부터 해방될 수 있다.

위임 권위자로서 우리는 자신의 견해를 표명하려고 해서는 안 되며, 다른 사람들의 일에 간섭하려고 해서도 안 된다. 혹자는 자기를 최고의 재판관으로 생각하는 듯하다. 그들은 교회에서 모르는 것이 없고 세상사도 모르는 것이 없이 다 아는 체한다. 그들은 모든 사람과 모든 사물에 대해서 자신의 의견을 가지고 있고, 자기들의 가르침이 무슨 복음이나 되는 것처럼 선심 쓰며 나누어 주려고 한다.

주관적인 사람은 결코 훈련받은 적이 없고, 하나님께 심각하게 다루어진 적도 없는 사람들이다. 그는 모르는 것이 없고 못하는 것이 없다고 한다. 그의 생각과 방법은 잡화점의 물품 종류만큼이나 무수히 많다. 그러한 사람은 근본적으로 권위자가 될 자격이 없다. 왜냐하면 하나님의 위임 권위자가 되기 위한 기본 조건이 자신의 생각이나 의견을 내세우지 않는 것이기 때문이다.

3. 위임 권위자는 항상 주님과의 교제를 유지해야 한다

하나님의 위임 권위자가 된 사람들은 하나님과 친밀한 교제를 유지해야 한다. 의사 소통은 물론이거니와 영적 교제가 있어야 한다.

제멋대로 자기 의견을 내놓고 경솔하게 주님의 이름으로 말하는 사람은 하나님과 거리가 먼 사람이다. 하나님의 이름을 함부로 언급하는 사람은 자기가 하나님과 멀리 떨어져 있음을 증명할 뿐이다. 하나님과 가까이 있는 사람은 경외심을 갖고 있다. 그들은 자신의 의견을 함부로 표명하는 것이 얼마나 신성 모독적인 것인지를 잘 알고 있다.

따라서 영적 교제는 권위자에게 필요한 또 하나의 조건이다. 주님에게 가까이 나아갈수록 자신의 결점을 더 분명히 보게 된다. 하나님과 대면한 사람은 그 후로 감히 큰소리치지 않는다. 그는 자기의 육신을 믿지 않으며, 혹 실수를 범하지 않을까 걱정한다. 그런가 하면 함부로 이야기하는 사람은 자신이 하나님에게서 멀리 떨어져 있음을 드러내는 것이다.

하나님에 대한 두려움은 외적으로 나타나는 피상적인 것이 아니다. 언제나 주님을 섬기는 사람만이 이런 미덕을 소유하고 있다. 스바 여왕은 솔로몬에 관해서 들은 바가 많이 있었지만, 실제로 솔로몬 앞에 와 보고서는 무척 놀랐다.

그런데 지금 우리 앞에는 솔로몬보다 더 크신 이가 계신다. 우리는 문 앞에서 기다리는 종처럼 숨을 죽이고 실로 아무것도 모른다는 것을 인정해야 한다. 하나님의 종이 하나님의 뜻을 알기도 전에 부주의하게 말하는 것보다 더 심각한 일은 없다. 하나님의 뜻을 분명히 알기 전에 판단을 내릴 때 얼마나 심각한 문제가 발생하는가!

"그러므로 예수께서 저희에게 이르시되 내가 진실로 진실로 너희에게 이르노니 아들이 아버지의 하시는 일을 보지 않고는 아무것도 스스로 할 수 없나니 아버지께서 행하시는 그것을 아들도 그와 같이 행하느니라……내가 아무것도 스스로 할 수 없노라 듣는 대로 심판하노니 나는 나의 원대로 하려 하지 않고 나를 보내신 이의 원대로 하려는 고로 내 심판은 의로우니라"(요 5 : 19, 30).

이와 마찬가지로 우리도 듣고 알고 이해하는 것을 배워야 한다. 이것은 주님과의 긴밀한 교제를 통해서만 된다. 하나님 앞에서 살며 하나님에 대해 배우는 사람들만이 형제 자매들 앞에서 말할 자격이 있다. 그런 사람들만이 교회 안에서나 형제들간에 어려운 문제들이 발생할 때 어떻게 해야 할지를 안다.

내가 솔직하게 말하거니와 오늘날의 문제점은 많은 하나님의 종들이 너무 과감하거나 너무 거만한 것이다. 그들은 하나님으로부터 듣지 않은 것도 과감하게 말해 버린다. 그러나 도대체 무슨 권위로 그렇게 말하는가? 누가 그런 권위를 허용해 주었는가? 무엇이 당신을 다른 형제 자매들과 다르게 만드는가? 당신이 말하는 것이 하나님의 말씀이라는 확신이 없다면, 당신은 무슨 권위를 가졌다고 하겠는가?

권위는 본질상 타고나는 것이 아니라 대표하는 것이다. 즉 인간은 자기 자신을 권위자의 입장에 두지 않도록 하나님 앞에서 배우고 상처를 받으며 살아야 한다는 뜻이다. 자신을 권위자로 여기며 착각에 빠지는 일은 없어야 하겠다.

하나님만이 권위를 갖고 계시며, 다른 누구도 그런 권위를 갖고 있지 않다. 하나님의 권위가 내게 흘러올 때, 그것은 나를 통해 다른 사람에게 흘러갈 수 있다. 나를 다른 사람들과 다르게 만드는 것은 하나님이지 나 자신이 아닌 것이다.

그런즉 우리는 하나님을 두려워하는 것을 배워야 하며, 경솔하게 어떤 일을 행하는 것을 삼가야 한다. 우리는 다른 형제 자매와 다를 바가 없다는 사실을 인정해야 한다. 하나님은 오늘날 내가 하나님의 위임 권위자가 되는 것을 배우도록 계획하셨으므로, 나는 하나님 존전에 살면서 계속 하나님과 친교를 나누며 하나님의 뜻을 알려고 해야 한다. 내가 하나님과 함께 있으면서 아무것도 본 것이 없으면, 이 땅에서 사람에게 말해 줄 것도 없다.

왜 우리는 "친교"라는 말을 쓰는가? 그 이유는 우리가 이따금씩이 아니라 계속적으로 주님의 존전에서 살아야 하기 때문이다. 우리가 하나님을 떠나 배회할 때마다 우리의 권위의 성격이 변한다. 주여, 주께서 자비를 베푸셔서, 우리가 영원히 하나님 존전에서 하나님을 두려워하며 살아갈 수 있도록 해주옵소서!

이런 것들이 위임 권위자의 3가지 기본 조건이다. 권위는 하나님께 속한 것이므로 우리 안에는 권위가 전혀 없다. 우리는 대행자에 불과하다. 권위는 우리의 소유물이 아니므로 우리의 태도가 주관적이어서는 안 된다. 그리고 권위는 하나님으로부터 오는 것이므로 우리는 늘 하나님과 교제하면서 살아야 한다. 교제가 단절되면 권위 또한 중단된다.

자신의 권위를 세우려 하지 말라

권위는 하나님이 세우시는 것이다. 그러므로 위임 권위자는 자기의 권위를 확보하려고 노력할 필요가 없다. 다른 사람들에게 당신의 말을 들을 것을 강요하지 말라. 그들이 잘못하면, 그냥 내버려두도록 하라. 그들이 복종하지 않거든 그 상태로 그냥 두라. 그들이 자기 고집대로 행하려 하거든 그렇게 하게 내버려두도록 하라.

위임 권위자는 사람들과 싸워서는 안 된다. 만일 내가 하나님이 세우신 권위자가 아니라면 왜 내 말을 들으라고 요구해야 하는가? 또 한편으로 만일 내가 하나님에 의해 세움받은 자라면, 사람들이 복종하지 않을까봐 걱정할 필요가 있겠는가?

누구든지 내 말을 듣지 않는 사람은 하나님께 불순종하는 것이다. 나는 사람들에게 들으라고 강요할 필요가 없다. 하나님이 내 편이신데, 내가 왜 두려워하겠는가? 우리는 자신의 권위를 위해서는 한마디도 해서는 안 된다. 그보다 사람들에게 자유를 주도록 하자.

하나님께서 우리들에게 많은 것을 위탁하실수록 우리는 사람들에게 더 많은 자유를 줄 수 있다. 하나님을 갈망하는 사람들은 우리에게 오기 마련이다. 우리 자신의 권위를 위해서 말하거나 스스로 자신의 권위를 세우려고 노력하는 일은 참으로 잘못된 일이다.

비록 다윗은 하나님께 기름 부으심을 받아 왕으로 지명되었지만, 여러 해 동안 사울왕의 수하에 남아 있었다. 그는 자기 자신의 권위를 세우기 위해 스스로 손을 뻗치지 않았다. 마찬가지로 하나님이 당신을 권위자로 지명하신다면, 당신도 타인들의 반대를 참고 견딜 수 있어야 한다. 그러나 만일 당신이 하나님이 정하신 사람이 아니라면, 스스로 권위를 세우려고 하는 모든 노력은 무익할 것이다.

나는 어떤 남편이 자기 아내에게 다음과 같이 이야기하는 것을 좋아하지 않는다. "나는 하나님이 정하신 권위자니, 당신은 내 말을 들어야 하오." 또 교회에서 장로들이 형제 자매들에게 "나는 하나님이 지명하신 권위자요"라고 말하는 것도 귀에 거슬린다.

사랑하는 형제들이여, 제발 당신 자신의 권위를 세우려고 노력하지 말라. 만일 하나님이 당신을 택하시면, 겸손하게 그 권세를 받아들여야 한다. 그리고 만일 하나님이 당신을 부르지 않으신다면, 왜 당신이 애써 권세를 가지려고 하는가?

자신을 권위자로 세우기 위한 노력은 일체 우리 가운데서 근절되어야 한다. 다만 하나님께서 하나님의 권위를 세우시도록 하자. 우리 인간이 노력하는 일은 결코 없어야겠다. 만일 하나님께서 진정으로 당신을 권위자로 지명하신다면, 당신 앞에는 두 가지 대안이 있다. 즉 불순종해서 영적으로 퇴보하든지 아니면 순종해서 은혜를 받든지, 양자 택일을 해야 한다.

당신에게 위임된 권위가 도전을 받을 때 당신은 아무것도 하지 말라. 서두르지 말라. 투쟁하지도 말고 변명하지도 말라. 당신에게 도전해 오는 그들은 사실 당신에게 반항하는 것이 아니라 하나님께 반항하고 있는 것이다. 그들은 당신의 권위를 거역하는 것이 아니라 하나님의 권위를 거역하는 죄를 범하고 있는 것이다.

따라서 그들이 욕하고 비판하며 반대하는 대상은 당신이 아니다. 만일 당신의 권위가 진실로 하나님께 속한 것이라면, 반대하는 그들은 자신들이 영적으로 후퇴하고 있는 것을 발견할 것이며, 그들에게는 더 이상 아무 계시도 나타나지 않을 것이다. 하나님의 통치는 매우 심각한 문제다.

하나님이여, 우리에게 자비를 베푸셔서 우리가 자신을 의뢰하지 않고 다만 하나님을 경외하면서 권위가 진정 무엇인가를 알게 하여 주시옵소서!

13

위임 권위자에 대한 신임장 : 계시

모세가 그 장인 미디안 제사장 이드로의 양무리를 치더니 그 무리를 광야 서편으로 인도하여 하나님의 산 호렙에 이르매 여호와의 사자가 떨기나무 불꽃 가운데서 그에게 나타나시니라 그가 보니 떨기나무에 불이 붙었으나 사라지지 아니하는지라 이에 가로되 내가 돌이켜 가서 이 큰 광경을 보리라 떨기나무가 어찌하여 타지 아니하는고 하는 동시에 여호와께서 그가 보려고 돌이켜 오는 것을 보신지라 하나님이 떨기나무 가운데서 그를 불러 가라사대 모세야 모세야 하시매 그가 가로되 내가 여기 있나이다 하나님이 가라사대 이리로 가까이 하지 말라 너의 선 곳은 거룩한 땅이니 네 발에서 신을 벗으라 또 이르시되 나는 네 조상의 하나님이니 아브라함의 하나님, 이삭의 하나님, 야곱의 하나님이니라 모세가 하나님 뵈옵기를 두려워하여 얼굴을 가리우매 여호와께서 가라사대 내가 애굽에 있는 내 백성의 고통을 정녕히 보고 그들이 그 간역자로 인하여 부르짖음을 듣고 그 우고를 알고 내가 내려와서 그들을 애굽인의 손에서 건져내고 그들을 그 땅에서 인도하여 아름답고 광대한 땅, 젖과 꿀이 흐르는 땅 곧 가나안 족속, 헷 족속, 아모리 족속, 브리스 족속, 히위 족속, 여부스 족속의 지방에 이르려 하노라 이제 이스라엘 자손의 부르짖음이 내게 달하고 애굽 사람이 그들을 괴롭게 하는 학대도 내가 보았으니 이제 내가 너를 바로에게 보내어 너로 내 백성 이스라엘 자손을 애굽에서 인도하여 내게 하리라 모세가 하나님께 고하되 내가 누구관대 바로에게 가며 이스라엘 자손을 애굽에서 인도하여 내리이까 하나님이 가라사대 내가 정녕 너와 함께 있으리라 네가 백성을 애굽에서 인도하여 낸 후에 너희가 이 산에서 하나님을 섬기리니 이것이 내가 너를 보낸 증거니라(출 3:1-12).

모세가 구스 여자를 취하였더니 그 구스 여자를 취하였으므로 미리암과 아론이 모세를 비방하느라 그들이 이르되 여호와께서 모세와만 말씀하셨느냐 우리와도 말씀하지 아니하셨느냐 하매 여호와께서 이 말을 들으셨더라 이 사람 모세는 온유함이 지면의 모든 사람보다 승하더라 여호와께서 갑자기 모세와 아론과 미리암에게 이르시되 너희 삼 인은 회막으로 나아오라 하시니 그 삼 인이 나아가매 여호와께서 구름 기둥 가운데로서 강림하사 장막 문에 서시고 아론과 미리암을 부르시는지라 그 두 사람이 나아가매 이르시되 내 말을 들으라 너희 중에 선지자가 있으면 나 여호와가 이상으로 나를 그에게 알리기도 하고 꿈으로 그와 말하기도 하거니와 내 종 모세와는 그렇지 아니하니 그는 나의 온 집에 충성됨이라 그와는 내가 대면하여 명백히 말하고 은밀한 말로 아니하며 그는 또 여호와의 형상을 보겠거늘 너희가 어찌하여 내 종 모세 비방하기를 두려워 아니하느냐 여호와께서 그들을 향하여 진노하시고 떠나시매 구름이 장막 위에서 떠나갔고 미리암은 문둥병이 들려 눈과 같더라 아론이 미리암을 본즉 문둥병이 들었는지라 아론이 이에 모세에게 이르되 슬프다 내 주여 우리가 우매한 일을 하여 죄를 얻었으나 청컨대 그 허물을 우리에게 돌리지 마소서 그로 살이 반이나 썩고 죽어서 모태에서 나온 자같이 되게 마옵소서 모세가 여호와께 부르짖어 가로되 하나님이여 원컨대 그를 고쳐 주옵소서 여호와께서 모세에게 이르시되 그의 아비가 그의 얼굴에 침을 뱉었을지라도 그가 칠 일간 부끄러워하지 않겠느냐 그런즉 그를 진 밖에 칠 일을 가두고 그 후에 들어오게 할지니라 하시니 이에 미리암이 진 밖에 칠 일 동안 갇혔고 백성은 그를 다시 들어오게 하기까지 진행치 아니하다가 그 후에 백성이 하세롯에서 진행하여 바란 광야에 진을 치니라 (민수기 12장).

구약에서 하나님이 주신 위임 권위 중에 모세의 권위보다 더 큰 권위는 없었다. 따라서 우리는 모세를 배워야 할 본보기로 삼을 수 있다. 잠시 동안 우리는 하나님이 그를 어떻게 다루셨는가 하는 것은 모두 제쳐두고, 다만 그의 권위가 거부당하고 비난받고 반대를 받으며 거절을 당할 때, 그가 어떻게 반응했는가에 집중해 보기로 하자.

모세가 하나님에 의해 권위자로 임명되기 전에, 그는 한 애굽인을 죽였고 히브리인들이 동족끼리 싸운다는 이유로 그들을 책망했다. 그 때 한 히브리인이 "누가 너로 우리의 주재와 법관을 삼았느냐?"는 말로 도전해 오자, 모세는 그만 달아나고 말았다. 그때 그는 아직 십자가와 부활을 체험하지 못했다. 다만 모든 일을 육적인 힘으로 행했다.

그는 잘못을 보고 급하게 뛰어들어 책망하고 또 사람을 죽일 만큼 대담했지만, 속으로는 약하고 텅 비어 있었다. 그는 도전을 받고 견딜 수가 없었다. 그래서 도전을 받자 두려워하며 미디안 광야로 도망치고 말았다.

거기서 그는 40년 동안 교훈을 배웠다. 이런 긴 시련의 기간이 지나고, 하나님은 어느 날 그에게 떨기나무 불꽃의 환상을 보여 주셨다. 떨기나무는 타고 있었지만 사라지지 않았다. 이런 환상과 함께 하나님은 그를 권위자로 임명하셨다. 자, 이제 우리는 그 후에 모세의 형 아론과 누나 미리암이 그를 거스르는 말을 하고 그의 위임 권위를 거역할 때 그가 어떻게 반응했는가를 살펴보기로 하자.

비방의 말에 귀기울이지 말라

그들은 모세에게 반문해 왔다―어찌 너만이 하나님의 대변자일까보냐? 너는 구스 여자와 결혼한 사람이다. 하나님이 우리를 통해서도 말씀하시지 않았느냐? 어찌 셈의 씨가 함의 씨와 결혼하여 하나님의 사역을 계속할 수 있느냐? 우리는 셈의 자녀들로서 함의 자녀와 결혼하지 아니했으니 우리도 사역자가 될 수 있지 않느냐?

이 모든 말에 대해서 성경은 간단하게 기록하기를, "여호와께서 이 말을 들으셨더라"고 했다. 마치 모세는 그 말을 전혀 듣지 않은 것 같았다. 바로 여기서 우리는 인간의 말에 조금도 동요되지 않았던 한 사람을 보게 된다. 그는 비방의 말 따위는 초월해 있었다.

하나님의 대변자가 되기를 바라고 또 형제 자매를 돕고자 하는 사람은 누구든지 비방하는 말 따위에 귀기울이지 않는 것을 배워야 한다. 그런 말은 하나님께서 들으시도록 맡겨 두라. 그리고 사람들이 당신을 어떻게 비방하든지 당신 편에서는 일체 신경 쓰지 말라. 다른 사람의 말로 인해 화를 내지도 말라. 비방하는 말에 동요되고 위축되는 사람은 자신이 위임 권위자가 되기에 부적합하다는 것을 스스로 입증하는 것이다.

자기 방어를 하지 말라

변호나 방어 또는 어떤 반응이든, 사람으로부터 오지 않고 하나님으로부터 와야 한다. 자기를 변호하는 사람은 하나님을 모른다. 세상에서 그리스도보다 더 권위 있는 자는 없건만, 그리스도께서도 자신을 방어하지 않으셨다. 권위와 자기 방어는 모순된다.

당신이 어떤 사람에게 구구하게 변명을 늘어놓는 것은 사실 그 사람을 당신의 재판관으로 만드는 것이다. 당신이 상대방의 비난에 답변을 하기 시작할 때, 그 사람은 당신보다 더 높은 자리에 있게 된다. 자기를 위해 변명하는 사람은 다른 사람의 판단 아래 있으며, 따라서 권위 밖에 있는 사람이다. 자기를 정당화하려고 애쓸 때마다 그는 권위를 상실하게 된다.

바울은 위임 권위자로 고린도 신자들 앞에 섰지만 "나도 나를 판단치 아니하노라"(고전 4:3)고 했다. 변호는 하나님으로부터 오는 것이다. 당신이 어떤 사람 앞에서 스스로 정당화하려는 순간, 당신 앞에서 있는 그 사람이 당신의 심판자가 된다. 당신이 구구하게 설명을 늘어놓는 순간 당신은 그 사람 앞에 쓰러지고 만다.

지극히 온유함

민수기 12:2에서 하나님은 비방의 말을 들으셨고, 4절에서는 행동을 개시하셨다. 그런데 그 가운데 3절이 삽입구로 등장한다. "이 사람 모세는 온유함이 지면의 모든 사람보다 승하더라." 모세는 자기가 잘못을 저지른 것을 알고 있었기 때문에 싸우지 않았다.

하나님은 목이 곧은 사람을 권위자로 임명하지 않으신다. 하나님은 거만한 사람에게 권위를 위임하지 않으신다. 하나님께서 권위를 주어 세우시는 사람은 온유하고 겸손한 사람들이다. 이것은 평범한 온유함이 아니라 하나님의 온유함이다.

우리는 자신의 권위를 세우려고 노력해서는 안 된다. 우리가 그러면 그럴수록 더욱더 권위에 적합하지 못한 사람이 된다. 권위에 적합한 사람은 과격하거나 강한 사람이 아니라 바울과 같은 사람—신체적으로 약하고 구변이 대단치 않는 사람—이다. 하나님은 이런 사람을 권위자로 세우신다. 하나님은 그의 나라가 이 세상에 속한 것이 아니라고 말씀하셨으며, 따라서 주의 종들은 주님을 위해서 싸울 필요가 없다. 싸움을 통해 얻은 권세는 하나님이 주신 권세가 아니다.

흔히 사람들은 다음과 같은 것들을 권세자가 되는 데 필요한 조건들로 생각한다. 즉 화려함과 탁월함, 인간적인 매력, 거동이나 외모, 능력 따위다. 사람들은 권세자가 되려면 반드시 강한 결단력과 현명한 생각, 능란한 웅변술을 가져야 한다고 생각한다. 그러나 권위를 대표하는 것은 이런 것들이 아니다. 오히려 그것들은 육을 대표하는 것이다.

구약에서 하나님이 세우신 권위자로서 모세를 능가할 사람은 아무도 없었는데, 그래도 모세는 모든 사람들 가운데서 가장 겸손했다. 그가 애굽에 있었을 때에는 굉장히 난폭했다. 애굽인을 죽이기도 하고 히브리인들을 책망하기도 했다. 그는 자신의 육적인 손으로 사람들을 다루었다. 그 당시 하나님은 그를 권위자로 임명하지 않으셨다.

하나님께서 모세를 권위자로 쓰신 것은, 그가 수많은 시련을 겪고 하나님께 철저히 다스림을 받아 세상에 그 누구보다 더 온유한 사람이 된 후였다. 전혀 권위를 받은 것처럼 보이지 않는 사람이 종종 자신을 권위자로 여기곤 한다. 그와 같이 자기가 권위를 많이 가졌다고 생각하는 사람일수록 실제로는 권위를 가지지 못한 것이다.

계시 : 권위의 신임장

"여호와께서 갑자기 모세와 아론과 미리암에게 이르시되 너희 삼인은 회막으로 나아오라." "갑자기"란 말은 "예기치 않게"라는 뜻이다. 아론과 미리암은 아마 여러 번 모세를 비방했을 것이다. 그런데 지금 갑자기 하나님은 그 세 사람을 회막으로 부르셨다. 권위에 대항하는 많은 사람들은 보통 회막 밖에서 그렇게 행한다. 집에서 비난하기는 매우 쉽고 간편하다. 그러나 회막 안에서는 모든 것이 명백히 드러날 것이다.

세 사람이 회막에 나아왔을 때 여호와께서는 아론과 미리암에게 "내 말을 들으라"고 말씀하셨다. 과거에 그들은 "여호와께서 모세와만 말씀하셨느냐?"고 불평했다. 지금 여호와께서 그들에게 나아와서 하나님의 말씀을 들으라고 하신 것은, 그들이 이전에는 하나님의 말씀을 들은 적이 없다는 사실을 나타낸다.

아론과 미리암은 하나님이 무슨 말씀을 하고 계시는지 도무지 알지 못했다. 여호와께서 그들에게 말씀하신 것은 이번이 처음이었다. 그리고 이것은 계시가 아니라 책망이었으며, 하나님의 영광의 현현이 아니라 그들의 행위에 대한 심판이었다.

"내 말을 들으라"는 것은 여호와께서 전에는 한 번도 그들에게 말씀하신 적이 없다는 의미일 뿐만 아니라, 더 나아가서 그들이 이미 여러 날 동안 말을 해 왔으니 이제 단 한번이라도 여호와께서 말씀하실 기회를 달라는 의미이기도 하다. "말을 잘하는 사람들아, 이제 내 말도 좀 들어 보라!"

여기서 우리는 말이 많은 사람들은 하나님의 말씀을 들을 수 없다는 결론을 내릴 수 있다. 오직 온유한 사람만이 하나님의 말씀을 잘 들을 수 있다. 모세는 말은 하지 않았지만 들은 대로 행하는 사람이었다. 그가 나아가든지 후퇴하든지, 그것이 하나님께 속해 있는 한 그에게는 다를 것이 하나도 없었다.

그러나 아론과 미리암의 경우는 달랐다. 그들은 고집이 세고 완고했다. 따라서 하나님은 마치 그들이 선지자라는 것을 잊으신 것처럼 "너희 중에 선지자가 있으면"이라고 말씀하셨던 것이다.

아론과 미리암은 선지자였지만, 여호와께서는 단지 꿈과 이상으로만 자신을 그들에게 알리셨다. 그러나 모세의 경우는 이와 달랐다. 왜냐하면 하나님께서는 모세와 대면하여 명백히 말하고 은밀한 말로 하지 않으셨기 때문이다. 하나님의 변호는 이러하셨다. 모세에게는 계시가 주어졌지만 아론과 미리암에게는 주어지지 않았다. 왜냐하면 하나님께서 권위자로 세우시는 사람은 하나님과 대면해서 만난 사람들이기 때문이다.

권위를 세우는 것은 하나님의 관할에 속한 것으로, 인간은 그것에 관여할 수 없으며 또 인간의 비방하는 말로 권위를 거부할 수도 없다. 모세를 세우신 분은 하나님이시니, 오직 하나님만이 그를 거절하실 수 있었다. 이것은 순전히 하나님의 일이었다. 그러므로 하나님이 정하신 일에 어느 누구도 간섭해서는 안 된다.

하나님 존전에서 인간의 가치는 다른 사람의 판단이나 자기 자신의 판단에 의해 결정되는 것이 아니다. 그는 하나님으로부터 받은 계시에 의해 평가된다. 계시는 하나님의 가치 척도이다. 권위는 하나님의 계시 위에 세워지며, 인간에 대한 하나님의 평가도 계시에 따라 이루어진다. 만일 하나님께서 계시를 주시면 권위가 세워지고, 계시를 거두어 가시면 그 사람은 거절을 당하는 것이다.

만일 우리가 권위자가 되는 법을 배우고자 한다면, 하나님 앞에서 우리의 상태가 어떠한가를 유의해 보아야 한다. 만일 하나님께서 기꺼이 우리에게 계시를 주시고 우리에게 분명히 말씀하신다면, 그래서 우리가 하나님과 대면해서 친교를 나눈다면, 우리를 제거할 자는 아무도 없다.

그러나 만일 그와 같은 하나님과의 교제가 단절되고 하늘 문이 닫혀 버리면, 비록 우리가 이 세상에서 크게 번창한다 하더라도 모두 허사가 될 것이다. 그러므로 열린 하늘은 하나님의 인장이며 아들 됨의 증거이다. 주 예수께서 세례를 받으신 후에 하늘이 그에게 열렸다. 세례는 죽음을 상징한다. 그가 죽음으로 들어가 최대의 고난을 받으시고, 온 천지가 캄캄해져서 빠져 나올 길이 없게 되었을 때 바로 하늘이 열렸다.

계시는 권위의 증거이다. 우리는 자신을 위해 투쟁하거나 말하는 것을 배워서는 안 된다. 우리는 권위를 쟁취하기 위해 아론과 미리암의 계열에 가담해서는 안 된다. 실로 우리가 그렇게 투쟁한다면, 그것은 우리의 권위가 전적으로 육적이며, 어두우며, 하늘의 이상이 결여된 것임을 증명할 따름이다.

"모세는 나의 온 집에 충성됨이라"(민 12:7). 그리스도의 모형인 모세는 이스라엘의 집에서 충성되었다. 하나님은 그를 "나의 종"이라고 부르셨다. 하나님의 종이 된다는 것은 무엇을 의미하는가? 그것은 나는 하나님께 속했다, 나는 하나님의 소유물이다, 나는 하나님께 팔린 바 되었다, 그러므로 나는 내 자유를 잃었다고 하는 것이다.

그래서 하나님은 그의 종이 비방을 들을 때 침묵을 지키지 못하시고 말씀하시는 것이다. 따라서 우리는 우리 자신을 변호할 필요가 없다. 만일 하나님께서 앞서 행하지 않으신다면, 우리가 말하는 것이 무슨 소용이 있겠는가? 왜 우리는 우리의 권위를 보강하려고 애쓰고 있는가? 우리의 권위가 하나님으로부터 왔다면 우리는 그 권위를 보강할 필요가 없다.

계시가 증거가 될 것이다. 우리를 비방하는 자들이 있거든 하나님께 맡기라. 하나님께서는 그들에게 아무것도 공급하지 않으시고 그의 계시를 보여 주지 않으실 것이다. 그리하여 우리가 하나님에 의해 임명된 자임을 증거하실 것이다.

하나님의 위임 권위자들을 거스르는 사람은 그들이 대표하고 있는 하나님을 거스르는 것이다. 그들이 진정 여호와께 속한 자들이라면, 그들을 비방하는 자들은 그들 위로 하늘이 닫히는 것을 볼 것이요, 따라서 하나님이 세우신 권위들을 겸손히 인정해야 할 것이다.

그러므로 누구든지 자신의 권위를 강화할 필요는 없다. 모든 것이 하나님의 증거에 달려 있다. 하나님께서는 비방하는 사람들에게 계시를 차단시킴으로써 하나님이 위임 권위자로 세우신 사람이 누구인가를 그들에게 증거하신다.

개인적인 감정이 없다

"너희가 어찌하여 내 종 모세 비방하기를 두려워 아니하느냐"고 하나님은 물으셨다. 하나님에게 그런 비방의 말은 무서운 것이었다. 하나님은 하나님이신 고로 사랑이 무엇인지, 빛이 무엇인지, 영광이 무엇인지 다 알고 계신다.

그런데 하나님은 두려움이 무엇인지도 아시는가? 물론 아신다. 여기서 하나님은 아론과 미리암 때문에 두려워하셨다. 하나님으로서는 조금도 두려울 것이 없었지만, 이 두 사람에게 그들이 얼마나 무서운 일을 저질렀는가를 말씀하고 계셨다.

이에 하나님은 그들과 말씀하기를 중단하고 진노하사 떠나가셨다. 이것은 하나님께서 모세의 권위가 아니라 하나님 자신의 권위를 어떻게 유지하시는가를 보여 주는 것이다. 하나님은 어찌하여 너희가 모세를 비방하느냐고 말씀하지 않으시고, 어찌하여 내 종 모세를 비방하느냐고 말씀하셨다.

하나님께서는 누군가 자신의 권위를 해치는 것을 허용하지 않으신다. 만일 하나님의 권위가 도전을 받으면, 하나님은 진노하며 떠나실 것이다. 그래서 하나님의 임재를 나타내는 구름이 장막 위에서 떠나갔고, 미리암은 문둥병자가 되었다. 아론은 그것을 보고 몹시 두려워했다. 물론 미리암이 주동적인 역할을 했지만 아론도 반역에 가담했기 때문이다.

장막은 계시를 주기를 거절했고, 모세는 입을 열지 않았다. 모세는 말을 잘할 수 있었지만 침묵을 지켰다. 자신의 마음과 입술을 통제할 줄 모르는 사람은 권위자가 되기에 적합하지 못하다. 그러나 아론이 모세에게 간구했을 때, 모세는 여호와께 부르짖었다.

이 모든 사건이 벌어지고 있는 동안 모세는 마치 한 사람의 구경꾼에 지나지 않은 것처럼 담담하게 행동했다. 그는 다른 속셈을 가지고 있지 않았다. 불평하거나 꾸짖지도 않았다. 그는 개인적인 감정도, 자신의 의견도 없었다. 그는 판단하거나 벌할 의향도 없었다. 다만 하나님의 목적이 성취되는 순간, 그는 조용히 용서해 주었다.

권위란 하나님의 명령을 준행하기 위한 것이지 인간 자신을 드러내기 위한 것이 아니다. 그것은 하나님의 자녀들에게 하나님에 대한 의식을 주기 위한 것이지 자신에 대한 의식을 주기 위한 것이 아니다. 중요한 것은 사람들이 하나님의 권위에 복종하도록 돕는 것이다.

그러므로 모세가 거역을 당한다 해도 그것은 모세에게 큰 문제가 아니었다. 그래서 모세는 하나님께 부르짖기를 "하나님이여, 원컨대 그를 고쳐 주옵소서!"라고 했다. 우리도 개인적인 감정에서 탈피하자. 개인적인 감정이 도사리고 있으면 하나님의 일을 손상시키고 하나님의 손을 묶어 놓게 된다.

모세가 하나님의 은혜를 몰랐더라면 분명히 아론에게 "하나님이 당신과도 말씀하신다고 주장하면서 왜 직접 하나님께 기도하지 않고 내게 부탁합니까?"라고 말했을 것이다. 또한 모세는 하나님께 "하나님, 나를 변호해 주십시오 그렇지 않으면 내 자리를 포기하겠습니다"라고 말했을 것이다. 하지만 모세는 자기를 변호하지도 않았고, 아론과 미리암에게 복수하지도 않았으며, 하나님의 변호를 이용하지도 않았다.

그는 개인적인 감정이 없었다. 그의 육적인 삶은 처리되었다. 그리하여 그는 그렇게 선뜻 미리암의 회복을 위해 하나님께 간구할 수 있었다. 모세의 행동은 그리스도께서 자기를 십자가에 못박은 자들을 용서해 달라고 하나님께 간구하던 행동과 같았다.

그러므로 모세는 스스로 하나님의 위임 권위자임을 입증했다. 그는 능히 하나님을 대표할 수 있는 사람이었다. 모세는 육적인 삶의 영향을 받지도 않았고, 변호나 복수를 추구함으로 자신을 옹호하려고 하지도 않았다. 하나님의 권위는 조금도 방해를 받지 않고 모세를 통해 확산될 수 있었다.

실로 사람들은 모세 안에서 하나님의 권위를 만났다. 위임 권위자가 된다는 것은 전혀 쉬운 일이 아니다. 왜냐하면 그렇게 되기 위해서는 먼저 자신을 비울 줄 알아야 하기 때문이다.

14

위임 권위자의 특성 : 자비

반항에 대한 모세의 첫 반응—땅에 엎드림

이스라엘 편에서 볼 때 민수기 16장에 기록된 반항보다 더 심각한 반항은 없을 것이다. 반역의 지도자는 레위 자손 고라였는데, 거기에 르우벤의 자손 다단과 아비람이 가담했으며 회중 가운데서 250명의 족장들이 합세했다. 그들은 함께 모여서 강경한 말로 모세와 아론을 공격했다(3절). 민수기 12장의 비방은 다만 아론과 미리암에게서 나온 것이었고, 그것도 공개적으로 드러난 것이 아니었다.

그러나 여기에 나타난 반역은 집단적인 데다가 모세와 아론에 대한 공박이 노골적이며 직접적이었다. 따라서 우리는 이런 상황에서 다음과 같은 사실에 특별히 관심을 기울이도록 하자.

(1) 모세의 개인적인 상태와 태도는 어떠했는가?

(2) 모세는 위기에 어떻게 대처했으며, 반역자들에게 어떻게 답변했는가?

모세의 첫 반응은 그 얼굴을 땅에 대고 엎드린 것이다(4절). 이런 태도야말로 모든 하나님의 종들이 마땅히 취해야 할 태도이다. 사람들이 흥분하고 많은 사람들이 떠들었으나, 모세만은 홀로 땅에 엎드렸다.

여기서 다시 우리는 참으로 권위를 아는 한 사람을 만나게 된다. 모세는 참으로 온유해서, 개인적인 감정이 없었다. 그는 자기를 변호하려 하지도 않고 흥분하지도 않았다. 그가 했던 최초의 일은 다만 얼굴을 땅에 대고 엎드리는 일이었다.

그 다음에 그는 그들에게 이렇게 말했다. "여호와께서 자기에게 속한 자가 누구인지, 거룩한 자가 누구인지 보이시고 그 자를 자기에게 가까이 나아오게 하시되 곧 그가 택하신 자를 자기에게 가까이 나아오게 하시리라"(5절).

투쟁할 필요가 없었다. 모세는 여호와께서 누가 여호와께 속한 자인가를 보여 주실 것을 알았기 때문에 자기 자신을 위해서는 감히 아무 말도 하지 않았다. 하나님께서 구별하시도록 맡기는 것이 훨씬 더 나았다. 모세는 믿음이 있었다. 그래서 만사를 하나님께 맡길 수 있었다.

여호와께서는 그들 모두가 향로를 가지고 여호와 앞에 나아오는 다음날 아침에 심판을 내리셨다. 모세의 말은 온유했으나 힘이 있었다. "레위 자손들아 너희가 너무 분수에 지나치느니라"(7절)는 말은 참으로 하나님을 잘 아는 사람의 탄식 소리였다.

권고와 회복

모세는 고라를 회복시키기 위해 말로써 그를 권고했다. 모세는 이 문제의 심각성을 알았고, 참으로 반역자들에게 관심이 있었다. 모세는 탄식할 뿐만 아니라 다음과 같은 말로 그들을 권고했다.

> 너희 레위 자손들아 들으라 이스라엘의 하나님이 이스라엘 회중에서 너희를 구별하여 자기에게 가까이 하게 하

사 여호와의 성막에서 봉사하게 하시며 회중 앞에 서서 그들을 대신하여 섬기게 하심이 너희에게 작은 일이겠느냐……너희가 오히려 제사장의 직분을 구하느냐 이를 위하여 너와 너의 무리가 다 모여서 여호와를 거스리는도다 아론은 어떠한 사람이관대 너희가 그를 원망하느냐(8-11절).

권고는 위엄의 표시가 아니라 온유함의 표시이다. 상대방에게 공격을 받고 그를 설득시키려고 하는 사람은 참으로 온유한 사람이다. 그러나 사람들을 회복시키려는 마음이 조금도 없이 그들이 잘못 행하도록 그대로 방치해 두는 사람은 그의 마음이 강퍅함을 입증하는 것이다.

그럴 때 권고를 하지 않는 것은 겸손이 결여되었기 때문이다. 그것은 명백하게 교만을 암시하는 것이다. 모세는 공격을 받고도 기꺼이 그들을 권고했으며, 그 후에 그를 비방하는 사람들에게 회개할 기회를 허락해 주었다.

모세는 반역자들을 분리해서 다루었다. 그는 먼저 레위인 고라를, 그 다음에 다단과 아비람을 다루었다. 그는 사람을 보내어 다단과 아비람을 불러오게 했으나 그들은 거절했다. 이것은 그들이 모세와 완전히 절교한 것을 나타냈다(12절). 우리는 모세의 행동에서 권위를 대표하는 사람은 거절을 당하더라도 분열이 아니라 회복을 추구한다는 사실을 알 수 있다.

그 반역적인 사람들은 모세가 자기들을 젖과 꿀이 흐르는 땅에서 이끌어 냈다고 고소했다(13절). 그것은 얼마나 어리석은 고소인가! 그들은 애굽에서 젖과 꿀은커녕 강제로 벽돌 만드는 일을 했던 것, 때로는 짚도 없이 벽돌을 만들어야 했던 고역을 까맣게 잊어버렸다. 이 반역자들은 가나안의 풍성한 것을 똑똑히 보고도 들어가기를 거절하고 모세를 비난했던 열 명의 정탐꾼과 조금도 다를 바 없었다.

그들의 반역은 돌이킬 수 없는 지점에까지 이르렀다. 심판밖에는 남은 것이 없었다. 모세는 심히 노해서 여호와께 사실을 폭로하러 나아갔다(15절).

하나님이 심판을 내리러 오셨다. 하나님은 주된 선동자인 고라뿐만 아니라 고라를 따르던 회중까지 소멸하러 하셨다. 그러나 모세는 땅에 엎드려 회중을 위해 간구했다(22절). 하나님은 그의 기도를 들으시고 회중을 살려 두시되, 악한 자들의 장막에서 떠날 것을 명령하셨다. 그 후 하나님은 고라와 다단과 아비람을 벌하셨다.

심판하려는 마음이 없음

하나님께서 반역한 사람들에게 심판을 내리시려 할 때에 모세는 분명히 말하기를 "여호와께서 나를 보내사 이 모든 일을 행케 하신 것이요 나의 임의로 함이 아닌 줄을 이 일로 인하여 알리라"고 했다(28절). 모세 자신의 감정에 있어서는, 자기를 반대한 사람들을 심판하려는 의도가 조금도 없었다.

모세는 이 사람들이 자기에게 범죄하고 있는 것이 아니라 하나님께 범죄하고 있음을 주장했을 때, 자신이 하나님의 참된 종임을 증거한 것이다. 우리는 모세에게 조금도 심판하려는 생각이 없었음을 알 수 있다. 그는 하나님의 종이었기 때문에 하나님께 순종하는 가운데 행동했다. 그는 사람들이 하나님께 범죄했다고 느꼈을 뿐, 그 외에 개인적인 감정은 없었다.

그는 더 나아가서 설명하기를, 여호와께서 새 일을 행하사 이 사실을 그들에게 증거할 것이라고 했다(30절). 그리하여 하나님은 모세의 권위를 세우기 위해 큰 심판을 집행하셨다. 세 가족이 멸망했으며, 250명의 족장들이 불에 타 죽었다(27-35절).

반역의 길은 음부로 향한다. 반역과 죽음은 연결되어 있다. 권위는 하나님이 세우신 것이다. 하나님이 세우신 권위를 거스르는 사람은 모두 하나님을 멸시하는 것이다. 그러나 우리는 모세 안에서, 자신의 의견이나 심판하는 마음이 없었던 위임 권위자의 모습을 발견한다.

중재의 기도와 속죄

이스라엘의 온 회중이 땅이 입을 열어 반역자들을 삼키는 것을 보았고 또 두려워하며 도망치기까지 했지만, 그들의 두려움은 형벌에 대한 두려움이었지 하나님에 대한 두려움이 아니었다. 회중들은 모세를 이해하지 못했으며, 그들의 마음은 아직 감동을 받지 못했다. 하룻밤을 생각한 끝에 그들은 바로 다음날 스스로 반항하고 말았다(41절). 하나님의 은혜를 접하지 않으면, 내적 상태는 전과 다를 바가 없다.

온 회중이 모세와 아론을 원망하며 "너희가 여호와의 백성을 죽였도다"(41절)라고 선언했다. 이제 우리는 이들 위임 권위자들이 회중의 이러한 반항에 어떻게 반응했는가를 유의해서 살펴보기로 하자.

인간적인 입장에서 말하면, 모세는 비난을 받았을 때 극히 노했을 것이다. 분명히 일어난 일은 하나님이 하신 일이었는데, 왜 그들은 모세를 원망했는가? 왜 그들은 하나님을 원망하지 않고 하나님의 위임 권위자를 원망했는가? 그러나 하나님의 반응이 모세와 아론의 반응보다 더 빨리 왔다.

보라, 구름이 회막을 덮었고 여호와의 영광이 나타났다(42절). 하

하나님은 회중을 심판하러 오셔서 모세와 아론에게 회중을 떠나라고 말씀하셨다. 마치 하나님께서 모세와 아론에게 다음과 같이 말씀하시는 것 같았다. "어제 너희들이 한 기도는 실수였다. 그래서 오늘 나는 온 회중을 전멸하려고 한다."

그러나 모세와 아론은 세번째로 얼굴을 땅에 대고 엎드렸다(45절). 모세의 영적 감각은 너무도 예민해서 즉시 이 문제가 기도만으로는 해결될 수 없다는 사실을 알았다. 어제의 범죄는 오늘의 범죄만큼 노골적이지 않았다. 모세는 서둘러서 아론에게 향로를 취하여 회중에게로 가서 그들을 위해 속죄하라고 말했다(46절).

모세는 확실히 위임 권위자가 되기에 적합한 인물이었다. 그는 이스라엘에게 비극적인 결말이 도래할 것을 깨달았고, 여전히 하나님께서 용서의 자비를 베푸시기를 소원하고 있었다. 그의 마음은 참으로 하나님을 아는 사람이 가질 수 있는 사랑과 동정과 열망으로 가득 차 있었다.

모세는 제사장이 아니었다. 그래서 그는 아론에게 서둘러 백성들을 위해 속죄제를 드릴 것을 요구했다. 여기서 중재의 기도에 속죄가 더해졌다. 이미 백성들 가운데 염병이 시작되었다. 아론이 죽은 자와 산 자 사이에 섰을 때에 염병이 그쳤다. 그 염병으로 죽은 사람은 일만 사천칠백 명이었다(49절). 모세와 아론이 민첩하지 못했더라면 틀림없이 더 많은 사람들이 죽었을 것이다.

모세 안에서 볼 수 있는 속죄의 은혜는 주님 안에서 볼 수 있는 속죄의 은혜와 놀라울 정도로 유사하다. 모세는 하나님의 백성을 보살폈고, 순종하는 자와 반항하는 자 모두에 대한 책임을 짊어지고 있었다. 자신만을 생각하고, 다른 사람에 대한 책임을 지는 것에 대해 자주 불평을 늘어놓는 사람은 권위를 대표하기에 부적합한 사람이다.

반응의 양상을 보면 그 사람이 어떤 유형의 사람인가를 알 수 있다. 많은 사람들이 자기 체면을 지키는 것에만 관심을 두고 타인의 비난에 극도로 민감하다. 그들의 모든 생각은 자기 중심적이다. 그러나 모세는 하나님의 온 집에 충성했다. 만일 하나님의 집이 해를 입었더라면 모세의 육신은 만족했을 것이나 그는 충성된 종이 되지 못했을 것이다. 충성된 종은 개인적으로 거절을 당하고 멸시를 당해도 많은 사람의 짐을 짊어질 것이다.

이스라엘이 모세를 거역했지만 모세는 그들의 죄를 짊어졌다. 그들은 모세를 거절하고 반항했지만 모세는 계속해서 그들을 위해 중재의 기도를 했다. 만일 우리가 자신의 감정만 생각한다면 하나님의 자녀들의 문제들을 짊어지지 못할 것이다.

그러므로 우리는 자신이 너무도 작고 너무도 완고한 사람임을 인정하고 우리의 죄를 자백하자. 하나님이 우리에게 바라시는 것은, 우리 속에 자비심을 가지는 것이다. 우리는 하나님이 모든 것을 판단하시도록 맡기는 사람이 되어야 할 것이다. 다른 사람에게 자비를 베푸는 것은 권위를 가진 모든 사람의 특성임을 명심하도록 하자.

15

위임 권위자가 되는 기초 : 부활

여호와께서 모세에게 일러 가라사대 너는 이스라엘 자손에게 고하여 그들 중에서 각 종족을 따라 지팡이 하나씩 취하되 곧 그들의 종족대로 그 모든 족장에게서 지팡이 열둘을 취하고 그 사람들의 이름을 각각 그 지팡이에 쓰되 레위의 지팡이에는 아론의 이름을 쓰라 이는 그들의 종족의 각 두령이 지팡이 하나씩 있어야 할 것임이니라 그 지팡이를 회막 안에서 내가 너희와 만나는 곳인 증거궤 앞에 두라 내가 택한 자의 지팡이에는 싹이 나리니 이것으로 이스라엘 자손이 너희를 대하여 원망하는 말을 내 앞에서 그치게 하리라 모세가 이스라엘 자손에게 고하매 그 족장들이 각기 종족대로 지팡이 하나씩 그에게 주었으니 그 지팡이 합이 열둘이라 그 중에 아론의 지팡이가 있었더라 모세가 그 지팡이들을 증거의 장막 안 여호와 앞에 두었더라 이튿날 모세가 증거의 장막에 들어가 본즉 레위 집을 위하여 낸 아론의 지팡이에 움이 돋고 순이 나고 꽃이 피어서 살구 열매가 열렸더라 모세가 그 지팡이 전부를 여호와 앞에서 이스라엘 모든 자손에게로 취하여 내매 그들이 보고 각각 자기 지팡이를 취하였더라 여호와께서 또 모세에게 이르시되 아론의 지팡이는 증거궤 앞으로 도로 가져다가 거기 간직하여 패역한 자에 대한 표징이 되게 하여 그들로 내게 대한 원망을 그치고 죽지 않게 할지니라 모세가 곧 그같이 하되 여호와께서 자기에게 명하신 대로 하였더라(민 17:1-11).

민수기 17장에 기록된 사건의 목적은 이스라엘 백성의 반역을 처리하기 위함이다. 바로 전 장에서 우리는 매우 심각한 반역을 보았다.

이제 이 장에서는 하나님께서 어떻게 그의 백성들을 반역과 반역의 결과인 죽음에서 구출하여 그러한 반역에 종지부를 찍으시는가를 보게 될 것이다.

하나님은 권위가 하나님께로부터 왔으며 권위자들을 세우는 데는 합당한 기초와 근거가 있다는 것을 이스라엘에게 증거하려 하셨다. 하나님께 권위를 받는 사람은 반드시 이러한 기본적인 체험이 있어야 한다. 그렇지 않으면 그는 하나님께 임명을 받을 수 없다.

부활 생명이 권위의 기초이다

여호와께서 열두 족장들에게 각 종족대로 하나씩 열두 지팡이를 취하라고 명령하셨다. 그리고 이 지팡이들을 회막 안 증거궤 앞에 두게 하셨다. 하나님이 택하신 사람의 지팡이에는 싹이 날 것이었다. 지팡이는 나무토막으로, 나뭇가지의 양끝을 자른 것이다. 이 지팡이는 한쪽 끝에서는 잎사귀가, 다른 한쪽 끝에서는 뿌리가 제거된 것이다.

그것은 전에는 살아 있었으나 지금은 죽어 있다. 전에는 나무로부터 수액을 빨아들여서 꽃도 피고 열매도 맺을 수 있었으나 지금은 생명 없는 나무 지팡이에 불과하다. 열두 지팡이가 모두 잎사귀와 뿌리가 절단되었다. 모두 죽고 메마른 것이다.

그러나 하나님은 말씀하시기를 한 지팡이에서 싹이 날 것인데, 그것은 하나님이 택한 사람의 지팡이라고 하셨다. 이것은 부활이 권위는 물론 선택의 기초임을 암시한다.

16장에서는 사람들이 하나님의 정하신 권위에 대항했고, 17장에서는 하나님께서 정하신 권위를 확증하신다. 하나님은 권위의 기초가 부활임을 확증하셨고, 이렇게 해서 사람들의 모든 불평을 종식시키셨다.

사람들은 하나님이 하시는 일에 대한 이유를 물을 권리가 없지만, 그럼에도 불구하고 하나님께서는 자신을 낮추사 사람들에게 권위를 세우는 기초가 무엇인가를 가르쳐 주셨다. 그 기초는 부활이었다. 이것은 이스라엘 백성들이 감히 논쟁을 벌일 수 없는 것이었다.

육신적으로 보면, 아론과 이스라엘은 모두 아담으로부터 왔다. 둘 다 육적인 생명에 의하면 진노의 자녀들이었다. 이 점에 있어서는 차이가 없었다. 이 열두 지팡이들은 다 똑같았다. 모두 잎사귀와 뿌리가 없었으며, 메마르고 생명이 없었다. 사역의 기초는 육적인 생명을 떠나 부활 생명이 주어지는 데 있다. 그리고 이것이 권위를 세운다.

권위는 사람에게 달려 있지 않고 부활에 달려 있다. 아론은 하나님께서 그를 택하시고 그에게 부활 생명을 주셨다는 사실 외에는 다른 사람들과 다를 바가 없었다.

싹이 난 지팡이는 사람들을 겸손하게 한다

지팡이에 싹이 나게 하신 분은 하나님이시다. 죽고 메마른 지팡이에 생명력을 불어넣으신 분은 하나님이시다. 싹이 난 지팡이는 그 지팡이의 임자를 겸손하게 함은 물론이거니와 다른 지팡이의 임자들도 불평을 그치게 만든다. 우리가 본래 갖고 있는 지팡이는 아론의 지팡이처럼 메마르고 죽었으며 소망이 없다.

그런데 그것이 다음날 싹이 트고 꽃이 피고 열매를 맺는다면, 우리는 하나님 앞에서 눈물을 흘리며 "이것은 하나님께서 하신 일이옵니다. 내가 관여한 일은 조금도 없습니다. 이것은 하나님의 영광이지 나의 영광이 아니옵니다"라고 말해야 한다.

우리는 자연히 하나님 앞에서 겸손해질 것이다. 왜냐하면 그것은 참으로 질그릇 속에 든 보배이며, 초월적인 능력이 하나님께 속한 것이지 우리에게 속한 것이 아님을 증명하기 때문이다. 오직 어리석은 자만이 자랑할 수 있다.

은혜를 받은 사람은 하나님 앞에 엎드려 다음과 같이 말할 것이다. "이것은 하나님께서 행하신 일입니다. 인간이 자랑할 것은 아무것도 없습니다. 모든 것이 하나님의 자비로 된 것이지 인간의 노력으로 된 것이 아닙니다. 모든 것이 하나님이 택하신 것이오매 받지 아니한 것이 무엇이 있겠나이까?"

따라서 우리는 권위의 기초가 우리에게 있지 않다는 것을 알아야겠다. 사실 권위는 우리와 아무런 상관이 없다. 이후부터 아론은 하나님을 섬기는 일에 자기의 권위를 사용할 때마다 이렇게 자백했을 것이다.

"내 지팡이도 다른 지팡이들처럼 죽은 것입니다. 나는 섬길 수 있는데 그들은 섬길 수 없는 이유, 즉 나는 영적 권위를 가지고 있는데 그들은 가지지 못한 유일한 이유는 지팡이에 있는 것이 아니라(왜냐하면 지팡이는 다 똑같이 메마른 것이다) 하나님의 자비와 선택에 있습니다." 아론은 지팡이의 능력으로 봉사한 것이 아니라 지팡이에 싹이 나게 한 능력으로 봉사했다.

사역자의 시금석은 부활이다

지팡이는 인간의 지위를 가리키나, 싹은 부활 생명을 가리킨다. 지위에 대해서 말하자면, 열두 족장들은 모두 이스라엘의 지도자 위치에 있는 사람들이었다. 아론은 단순히 열두 지파의 하나인 레위 지파를 대표할 뿐이었다. 그는 자신의 지위를 근거로 하나님을 섬길 수 없었다. 왜냐하면 다른 지파들은 아론의 지위를 인정하지 않을 것이기 때문이다.

하나님께서는 이 문제를 어떻게 해결하셨는가? 하나님은 그들에게 열두 지팡이를 취하여-각 지파마다 하나씩-회막 안 증거궤 앞에 두도록 명령하셨다. 그 지팡이들은 밤새도록 거기에 놓여 있을 것인데, 하나님이 택하신 사람의 지팡이에서만 싹을 내게 되어 있었다.

이것은 죽음에서 나온 생명이다. 죽음을 지나서 부활로 나오는 사람만이 하나님께 그의 종으로 인정을 받는다. 사역자의 시금석은 부활이다. 어느 누구도 자기의 지위를 정할 수 없다. 그것은 오직 하나님의 선택에 의한 것이다. 하나님께서 아론의 지팡이에 싹이 나고 꽃이 피어 열매가 열리게 하신 후에, 다른 지도자들은 그것을 보고 더 이상 할 말이 없게 되었다.

그런즉 권위는 노력으로 얻어지는 것이 아니다. 그것은 하나님이 세우시는 것이다. 권위는 지도자의 위치에 근거하는 것이 아니라 죽음과 부활의 체험에 근거한다. 사람들이 영적 권위를 행사하도록 선택받는 것은 그들이 다른 사람들과 달라서가 아니라 은혜와 선택과 부활에 근거해서다. 자랑하는 사람은 무지하고 무분별한 사람이다.

우리로 말하자면, 비록 우리의 지팡이를 일평생 소유하고 있어도 싹이 나지 않을 것이다. 오늘날의 문제는 자기들도 남들과 다를 바가 없다는 것을 인정하고 얼굴을 땅에 대고 엎드리는 사람이 지극히 드물다는 것이다.

어리석은 자가 교만하다

예수께서 나귀 새끼를 타고 예루살렘에 입성하실 때 무리들이 소리치기를 "호산나 다윗의 자손이여 찬송하리로다 주의 이름으로 오시는 이여 가장 높은 곳에서 호산나"(마 21:9)라고 했다.

가령 이렇게 한 번 상상해 보자. 나귀 새끼가 호산나라고 외치는 소리를 듣고 또 길에 깔린 나뭇가지를 보고는 주께 묻기를 "이 외침이 당신을 위한 것입니까, 아니면 나를 위한 것입니까"라고 했다든지, 또는 어미 나귀를 보고 "보시오, 내가 당신보다 더 고귀하지요"라고 말했다고 해보자. 이것은 나귀 새끼가 자기 위에 타고 계신 분을 알아보지 못했음을 너무도 분명히 드러내는 것이다.

하나님의 종들 가운데는 이렇게 어리석은 자들이 많이 있다. 어미 나귀나 새끼 나귀나 다를 바가 없다. 찬양을 받으셔야 했던 분은 새끼 나귀를 타고 계신 주님이시다. 호산나라는 외침도 사람을 위한 것이 아니며 길에 깐 나뭇가지도 사람을 위한 것이 아니다. 오직 어리석은 자만이 "내가 당신보다 더 훌륭하다"라고 말한다.

아론이 자기 지팡이에서 싹이 난 것을 처음 보았을 때, 그는 매우 놀랐을 것이다. 그는 얼굴을 땅에 대고 엎드려 경배하면서 아마 이렇게 말했을 것이다. "내 지팡이에서 싹이 나다니 어찌된 일입니까? 내 지팡이가 다른 지팡이와 다를 것이 뭐가 있습니까? 어찌하여 저에게 이런 영광과 능력을 허락해 주셨습니까? 내 힘으로는 싹을 낼 수가 없습니다. 육으로 난 것은 육입니다. 나도 하나님의 다른 백성들과 같은 사람입니다."

다른 사람들은 어리둥절했을 것이나 아론은 명백하게 알았다. 즉 그는 자신의 모든 영적 권위는 하나님께서 주신 것임을 알았다. 우리 중에 누구도 자랑할 권리가 없다.

오늘날 우리가 자비를 받는다면, 그것은 하나님이 원하셨기 때문이다. 누가 이 사역을 담당할 자격이 있는가? 우리의 자격은 하나님으로부터 온다. 하나님의 존전에 살면서 겸손할 줄 모르는 것은 참으로 이상한 일이다.

그날의 찬양을 나귀 새끼를 향한 것으로 상상했다는 것은, 나귀 새끼의 엄청난 자기 신뢰와 어리석음이 아닐 수 없다. 어느 날 나귀 새끼는 사실을 깨닫고 그렇게 생각한 것을 부끄럽게 여길 것이다. 실로 우리는 영광을 받을 것이지만, 우리의 영광은 지금이 아니라 미래에 있을 것이다.

젊은 형제 자매들은 겸손의 교훈을 배워야 한다. 그리고 우리가 알아야 할 것은, 남보다 조금 앞서서 달리는 것이 전혀 우리 자신에게 달려 있지 않다는 것이다. 영적 교훈을 조금 배웠다고 해서 다른 사람과 다른 것으로 여겨서는 안 된다. 모든 것이 하나님의 은혜요, 모든 것이 하나님이 주신 것이며, 우리에게서 나오는 것은 아무것도 없다.

아론은 자기 지팡이에 싹이 나게 하신 분이 하나님이라는 것을 잘 알고 있었다. 왜냐하면 싹이 나는 일은 초자연적인 능력을 통해서 되는 일이었기 때문이다. 하나님께서는 이런 수단을 사용하셔서 이스라엘 백성에게는 물론 아론에게도 말씀하셨다.

이후부터 아론은 모든 사역의 기초가 자신에게 있지 않고 싹이 난 사실에 있다는 것을 알게 되었다. 오늘날 우리도 하나님 앞에서 사역할 때, 그 사역이 부활에서 나오며 부활은 하나님에게서 나오는 것임을 분명히 깨달아야 한다.

부활이란 무엇인가

부활은 육에 속하지 않은 것, 곧 자아나 자아의 능력에 속하지 않은 것을 의미한다. 그것은 내가 할 수 없는 일이다. 왜냐하면 그것은 내 능력을 초월해 있기 때문이다. 나는 지팡이에 색칠을 하여 꽃 모양을 새길 수는 있어도 싹이 나게 할 수는 없다. 아무도 낡은 지팡이가 싹을

낸다거나 할머니가 임신을 한다는 말은 들어 본 적이 없다. 사라가 이삭을 낳았는데 이것은 하나님이 행하신 일이었다. 그러므로 사라는 부활을 대표한다.

부활은 내가 할 수 없고 하나님만이 하실 수 있는 것이며, 내가 아니라 하나님께 속한 것이다. 부활은 나의 인격과 상관이 없다. 그것은 하나님께 기초하고 있기 때문이다. 그것은 뛰어난 지혜나 훌륭한 웅변에 의존하는 것도 아니다. 내가 가진 영적인 것은 모두 다 하나님께서 나에게 친히 역사하심으로 말미암은 것이다.

만일 아론이 자기 지팡이에 싹이 난 것이 다른 지팡이와 다르기 때문이라고, 즉 자기 지팡이가 더 매끄럽고 곧기 때문이라고 주장한다면 얼마나 미련하고 어리석은 것인가! 단 한 순간이라도 우리가 다른 사람보다 더 훌륭한 사람이라고 생각한다면, 우리는 세상에서 가장 어리석은 짓을 범한 것이다. 어떠한 차이가 있건 간에, 그것은 다 주님으로부터 오는 것이다.

이삭은 웃음이란 뜻이다. 사라는 자기 나이가 너무 많아서 생산치 못함을 알고서 웃었다. 그녀는 그것을 불가능한 일이라고 생각했다. 그래서 하나님은 그녀의 아들을 이삭이라고 부르셨다.

우리도 하나님을 섬길 때 웃으면서 "나는 할 수 없습니다. 내가 무능하다는 것을 분명히 압니다. 그러나 이것은 하나님이 하시는 일입니다"라고 말해야 한다. 만일 어떤 권위가 드러나면, 우리는 그것이 하나님이 하신 일이지 우리가 한 일이 아님을 고백해야 한다.

부활은 영원한 봉사의 법칙이다

하나님께서는 싹이 난 아론의 지팡이를 제외하고 다른 모든 지팡이들을 각각 임자들에게 되돌려 보내셨다. 아론의 지팡이는 영원히 기념하기 위해 증거궤 앞에 두었다. 이것은 부활이 영원한 봉사의 법칙임을 나타낸다. 봉사가 죽음을 거쳐 부활에 이르지 않으면, 하나님께 받아들여질 수 없다. 부활한 것은 하나님께 속한 것이지 우리에게 속한 것이 아니다.

누구든지 자신을 스스로 칭찬할 만한 자로 여기는 사람은 부활이 무엇인지 전혀 모르는 사람이다. 부활을 진정으로 아는 사람은 자기 자신에 대해서는 이미 포기했을 것이다. 육적인 힘이 남아 있는 한, 부활의 능력은 분명하게 나타나지 않는다.

하나님의 최대의 능력은 창조에서 나타나지 않고 부활에서 나타난다. 무엇이든지 사람이 할 수 있는 것은 부활한 것이 아니다. 우리는 우리 자신을 하찮게 여기며, 심지어 죽은 개처럼 여기는 경지에 이르지 않으면 안 된다.

우리 자신은 완전히 깨어져서, 하나님께 다음과 같이 말할 수 있어야 한다. "무엇이나 존재하는 것은 모두 하나님이 주신 것입니다. 성사된 모든 일은 하나님이 이루신 것입니다. 이후부터 나는 더 이상 이 점에 대해서 실수를 범하지 않겠습니다. 무엇이나 죽은 것은 나에게서 나오며 무엇이나 산 것은 하나님께 속해 있음을 온전히 깨달았기 때문입니다."

우리도 이러한 차이점을 분명히 알아야 한다. 주님은 결코 오해하시는 일이 없지만, 우리는 종종 잘못 해석한다. 사라가 자기 힘으로 이삭을 낳았다고 생각한다는 것은 도저히 있을 수 없는 일이었다. 하나님께서는 우리가 하나님이 하시는 일에 대해 조금도 오해하지 않을 지점으로 우리를 인도하신다.

권위는 하나님께 속한 것이지 우리에게 속한 것이 아니다. 우리는 다만 하나님의 권위의 청지기일 따름이다. 이러한 통찰력이 있어야 우리는 위임 권위자가 되기에 적합하다. 권위가 마치 우리 것이나 되는 것처럼 권위를 행사하려고 할 때마다, 우리는 곧 그 권위를 상실하고 만다. 마른 지팡이는 죽음밖에 줄 수 없다.

부활이 있는 곳에 권위가 있다. 왜냐하면 권위는 육적인 것에 있지 않고 부활에 있기 때문이다. 우리가 가진 것은 모두 육적인 것이므로, 우리는 주님 안에서가 아니면 권위를 갖지 못한다.

바울이 고린도후서 4 : 7에서 말하는 것은, 위의 해석과 조화를 이룬다. 그는 자신을 질그릇에 비유하고, 보배를 부활의 능력에 비유한다. 바울은 자신이 질그릇에 불과하지만 자기 안에 있는 보배는 초월적인 능력을 소유하고 있음을 분명히 인식한 것이다.

자기 자신을 보면 사방으로 우겨쌈을 당하고 있으나 보배로 인해서 그는 넘어지지 않는다. 한편으로는 죽음이 있으나 또 한편으로는 생명이 있다. 그는 언제나 죽음에 처해 있지만 동시에 생명을 나타내고 있다. 죽음이 역사하고 있는 곳에 생명이 드러난다.

우리는 고린도후서 4장과 5장에서 바울의 사역의 핵심을 발견한다. 그의 사역의 법칙은 죽음과 부활이다. 우리 안에 있는 것은 죽음이나, 주님 안에 있는 것은 부활이다.

우리는 권위가 하나님께 속한 것임을 분명히 알아야 한다. 또한 우리 각자는 모든 권위가 주님께 속한 것임을 분명히 이해해야만 한다. 우리는 다만 이 세상에서 주님의 권위를 주장하고 유지할 뿐이지, 우리 자신이 권위자는 아니다. 주님을 의존할 때마다 우리는 권위를 갖게 된다. 그러나 조금이라도 육적인 것이 들어오는 순간, 우리는 다른 사람들처럼 권위와 무관한 자가 된다.

부활에 속한 모든 것은 권위가 있다. 권위는 부활에서 오는 것이지 우리 자신에게서 오는 것이 아니다. 그것은 단순히 하나님 앞에 지팡이를 두는 것 이상이다. 즉 그것은 하나님의 존전에 남아 있는 부활의 지팡이다. 하나님의 위임 권위자가 되는 것은 단순히 부활을 조금 나타내 보이는 것이 아니라, 싹이 나고 꽃이 피며 열매를 맺어 성숙한 부활 생명이 되는 지팡이를 가지는 것이다.

16
권위의 오용과 하나님의 징계

　회중이 물이 없으므로 모여서 모세와 아론을 공박하니라 백성이 모세와 다투어 말하여 가로되 우리 형제들이 여호와 앞에서 죽을 때에 우리도 죽었더면 좋을 뻔 하였도다……여호와께서 모세에게 일러 가라사대 지팡이를 가지고 네 형 아론과 함께 회중을 모으고 그들의 목전에서 너희는 반석에게 명하여 물을 내라 하라 네가 그 반석으로 물을 내게 하여 회중과 그들의 짐승에게 마시울지니라 모세가 그 명대로 여호와의 앞에서 지팡이를 취하니라 모세와 아론이 총회를 그 반석 앞에 모으고 모세가 그들에게 이르되 패역한 너희여 들으라 우리가 너희를 위하여 이 반석에서 물을 내랴 하고 그 손을 들어 그 지팡이로 반석을 두 번 치매 물이 많이 솟아나오므로 회중과 그들의 짐승이 마시니라 여호와께서 모세와 아론에게 이르시되 너희가 나를 믿지 아니하고 이스라엘 자손의 목전에 나의 거룩함을 나타내지 아니한 고로 너희는 이 총회를 내가 그들에게 준 땅으로 인도하여 들이지 못하리라 하시니라 이스라엘 자손이 여호와와 다투었으므로 이를 므리바 물이라 하니라 여호와께서 그들 중에서 그 거룩함을 나타내셨더라(민 20 : 2-3, 7-13).
　여호와께서 에돔 땅 변경 호르산에서 모세와 아론에게 말씀하시니라 가라사대 아론은 그 열조에게로 돌아가고 내가 이스라엘 자손에게 준 땅에는 들어가지 못하리니 이는 너희가 므리바 물에서 내 말을 거역한 연고니라 나는 아론과 그 아들 엘르아살을 데리고 호르산에 올라 아론의 옷을 벗겨 그 아들 엘르아살에게 입히라 아론은 거기서 죽어 그 열조에게로 돌아가리라 모세가 여호와의 명을 좇아 그들과 함께 회중의 목전에서 호르산에 오르니라 모세가 아론의 옷을 벗겨 그 아들 엘르아살에게 입히매 아론이 그 산꼭대기에서 죽으니라 모세와 엘르아살이 산에서 내려오니(민 20 : 23-28).

당일에 여호와께서 모세에게 일러 가라사대 너는 여리고 맞은편 모압 땅에 있는 아바림산에 올라 느보산에 이르러 내가 이스라엘 자손에게 기업으로 주는 가나안 땅을 바라보라 네 형 아론이 호르산에서 죽어 그 조상에게로 돌아간 것같이 너도 올라가는 이 산에서 죽어 네 조상에게로 돌아가리니 이는 너희가 신 광야 가데스의 므리바 물가에서 이스라엘 자손 중 내게 범죄하여 나의 거룩함을 이스라엘 자손 중에서 나타내지 아니한 연고라 내가 이스라엘 자손에게 주는 땅을 네가 바라보기는 하려니와 그리로 들어가지는 못하리라 하시니라(신 32：48-52).

위임 권위자는 하나님의 거룩함을 나타내야 한다

이스라엘 사람들은 광야에서 30여 년을 방황한 후에도 자신들의 반역을 통해서 배운 교훈을 또다시 잊어버렸다. 그들이 신 광야에 이르렀을 때에 물이 없음을 보고 또다시 모세와 아론에게 불평하며 불쾌한 말들을 내뱉었다. 그러나 하나님께서는 그들에게 화를 내지 않으셨다. 하나님은 단지 모세에게 지팡이를 취하여 반석에게 명하여 물을 내라고 말씀하셨다.

모세는 하나님의 권위를 상징하는 지팡이를 들었다. 그러나 그는 화가 치밀어 반역한 백성들을 불러모으고 그 앞에서 지팡이로 반석을 두 번 쳤다. 이때 그는 하나님의 명령을 무시하고 말았다. 그는 실수를 저질렀다. 그러나 물은 반석에서 흘러 나왔다.

이로 인해서 하나님은 그 종을 꾸짖으며 말씀하기를 "너희가 나를 믿지 아니하고 이스라엘 자손의 목전에 나의 거룩함을 나타내지 아니했다"고 하셨다. 이것은 모세가 하나님을 자기나 아론과 따로 분리하지 아니했음을 의미한다. 그는 하나님을 잘못 대표했다. 그는 그릇된 정신을 가지고 그릇되게 말했으며 그릇되게 반석을 쳤다.

하나님은 모세에게 이렇게 충고하시는 듯했다. "내가 나의 백성이 목말라하는 것을 보고 그들에게 마실 물을 주고자 했는데, 왜 네가 그들을 꾸중하였느냐?" 하나님은 백성들을 책망하지 않으셨는데, 오히려 모세는 책망했다. 그는 이스라엘 사람들에게 하나님에 관한 잘못된 인상을 주었다. 즉 마치 하나님이 사납고 가혹하게 책망하시며 은혜를 베풀지 않는 분처럼 나타내 보였다.

권위자가 되는 것은 하나님을 대표하는 것이다. 진노하든 자비를 베풀든, 권위자는 언제나 하나님과 같아야 한다. 만일 우리가 권위의 자리에 있으면서 어떤 잘못을 저지를 경우에는, 그것이 우리 자신의 행위임을 인정해야 한다. 우리는 자신의 과오에 하나님을 끌어들여서는 안 된다.

모세는 하나님을 잘못 대표했기 때문에 심판을 받아야 했다. 권위를 가진 사람이 하나님을 잘못 대표하면서도 그것을 자백하지 않으면, 하나님께서 친히 하나님 자신의 정당성을 입증하셔야 할 것이다.

그리하여 하나님은 이스라엘 백성에게 이것은 모세가 행한 것이지 하나님이 행하신 것이 아님을 보여 주셨던 것이다. 실제로 백성들은 불평을 했고 그들의 태도는 거의 반역적이었지만, 하나님은 그들을 심판하지 않으셨다. 그런데 하나님이 심판하시기도 전에 모세가 조급하게 그들을 심판하고 함부로 화를 내며 말을 하다니, 말이 되는 일인가?

그것은 사실 모세의 태도였고 모세의 진노였는데, 대부분의 이스라엘 백성들은 그것이 하나님의 태도이며 하나님의 진노라는 인상을 받게 되었다. 그래서 하나님은 모세와 아론으로부터 하나님 자신을 분리시킴으로써 자신의 정당성을 입증하셔야 했다.

우리는 하나님이 우리를 통해 그분의 태도를 나타내신다는 그릇된 인상을 심어 줌으로써 인간의 실수에 하나님을 끌어들이는 일이 없도록 유의하자. 그런 잘못된 인상을 심어 줄 경우에, 하나님은 반드시 자신의 정당성을 밝히셔야 할 것이다.

위임 권위자는 하나님을 위해 일을 해나가도록 되어 있다. 만일 우리가 화를 내야 한다면, 이 화는 우리에게서 나오는 것이지 하나님에게서 나오는 것이 아니라는 사실을 자백하도록 하자. 하나님의 하시는 일과 우리 인간이 하는 일은 엄연히 분리되어야 한다. 그 둘을 혼합시키는 것은 무서운 일이다.

우리는 너무도 실수하기가 쉽다. 따라서 우리가 실수를 범할 때마다 즉시 그것이 우리의 실수임을 솔직하게 인정하자. 그러면 우리는 하나님을 잘못 나타내지 않을 것이며, 악한 자에게 기반을 내어 주지 않고, 암흑 속에 빠지지도 않을 것이다. 우리가 먼저 자백하면 하나님은 자신을 방어하실 필요가 없으실 것이며, 우리는 하나님의 징계의 손에서 구출될 것이다.

위임 권위자가 된다는 것은 중대한 일이다

위의 사건으로 인해서 하나님께서는 모세와 아론이 가나안에 들어가지 못하리라고 선포하셨다. 만일 사람이 부주의하게 말을 내뱉고 하나님의 거룩함을 나타내지 않는 식으로 어떤 일을 행한다면, 그 순간부터 하나님께서는 하나님 자신을 정당화하기 시작하실 것이며, 그때는 용서를 구할 방도가 없게 된다.

우리는 하나님의 일을 행할 때 두렵고 떨림으로 임해야 한다. 또한 우리가 나이가 들수록 부주의하거나 무모하게 되지 않도록 유의해야 한다.

예전에 모세의 분노가 극에 달해서 하나님의 율법이 기록된 돌판을 산산이 깨뜨렸을 때에도 하나님은 그를 책망하지 않으셨다. 그는 질투하시는 하나님의 마음을 감동시켰으므로, 그의 분노는 정당화되었다. 그러나 장구한 세월을 보내면서 주님을 따랐건만 하나님이 명령하신 그대로 행하지 못하고 반석을 두 번이나 치고 성급하게 말을 내뱉었을 때, 그는 하나님을 잘못 대표하는 죄를 범했다. 이로 인해서 그는 가나안에 들어가지 못하게 되었다.

이스라엘 백성은 여러 번 하나님을 거역했으나 하나님은 그들에게 인내를 보이셨다. 그러나 모세와 아론은 한 번 실수를 범함으로써 가나안 땅에 들어가지 못했다. 이것은 위임 권위자가 되는 것이 얼마나 중대한 일인가를 보여 준다. 하나님은 하나님을 대표하는 자들에게 가장 엄격하시다.

민수기 18장에서 여호와께서는 아론에게 이렇게 말씀하셨다. "너와 네 아들들과 네 종족은 성소에 대한 죄를 함께 담당할 것이요"(1절). 위임받은 권위가 많으면 많을수록 하나님은 더욱더 엄하게 대하신다. 주님도 이렇게 말씀하셨다. "무릇 많이 받은 자에게는 많이 찾을 것이요 많이 맡은 자에게는 많이 달라 할 것이니라"(눅 12:48).

모세와 아론과 그 아들 엘르아살이 함께 호르산에 오르는 장면은 한 폭의 아름다운 그림이다. 그들은 모두 하나님의 심판을 받아들이겠다는 겸손한 마음을 가지고 하나님께 순종했다. 그들은 기도도 하지 않았다. 왜냐하면 그들은 하나님을 알았기 때문이다.

아론은 자기의 일생이 막바지에 이른 것을 알았으며, 모세도 자신의 장래를 의식하고 있었다. 하나님은 모세에게 그 일을 수행하라고 명령하셨다. 모세가 므리바 물에서 주역을 담당한 인물이었기 때문이다. 그는 아론이 세상을 떠나는 것을 보고서 자기도 앞으로 어떻게 세상을 떠날지를 알게 되었다.

아론은 성의를 벗었을 때 죽었다. 일반적으로 사람들은 옷을 벗긴다고 해서 죽지 않는다. 그러나 아론은 죽었는데, 그 이유는 그의 생명이 하나님을 섬김으로써 유지되었기 때문이다. 이것은 하나님을 섬기는 사람이 그 섬기는 일을 마치게 될 때 그의 생애가 끝난다는 것을 암시한다.

이런 일이 있고 여러 해가 지났지만 하나님의 심판은 가시지 않았다. 결국 하나님은 아론과 동일한 방법으로 모세를 다루셨다. 비록 모세는 그 동안 충실하게 살았지만 하나님은 모세를 느보산으로 부르시고 거기서 죽게 하셨다. 모세는 죽기 전에 노래로써 이스라엘 백성을 축복했지만, 자기에게 임한 그 특별한 심판을 피하게 해 달라고 구하지 않았다(신명기 33장을 보라).

그 또한 하나님의 능하신 손 아래서 겸손한 자세를 취했다. 하나님의 권위를 대표해 왔으며, 나이가 많이 들었을 때 저지른 한 번의 실수를 제외하고는 일생 동안 하나님께 순종한 그가 가나안에 들어가지 못하게 되었다. 모세가 입은 손실은 얼마나 막대한 것이었는가! 그는 600년 전에 아브라함과 맺은 하나님의 언약에 참여할 수 없게 되었다.

위임 권위자가 잘못을 저지르는 것보다 더 심각하고 더 엄격하게 다루어지는 일은 없다. 우리는 권위를 수행할 때마다 하나님과 연합되기를 간구해야 한다. 만일 어떤 실수를 범하면 재빨리 그것을 하나님으로부터 분리하여, 하나님의 심판을 초래하지 않도록 해야 한다.

우리는 무엇을 결정하기에 앞서 하나님의 뜻을 알기를 구해야 한다. 그리하여 하나님의 뜻을 확인한 후에야 우리는 하나님의 이름으로 그 일을 행할 수 있다.

모세는 자기가 므리바 물에서 행한 일이 여호와의 이름으로 행해졌다고 주장할 수 없었다. 우리는 어리석은 자가 되지 말자. 다만 하나님 앞에서 두려워 떠는 것을 배우자. 함부로 심판하지 말자. 특히 화가 날 때에는 마음과 입을 잘 다스리자.

하나님을 알면 알수록 더 조심하게 된다. 어떤 때는 하나님의 다스리는 손길을 경험하고 나서 용서를 받는 사람도 있지만, 항상 그런 것은 아니다. 하나님의 통치는 방해를 받아서는 안 된다. 우리는 이 사실을 분명히 알자.

위임 권위자들은 과오를 범해서는 안 된다

우리의 봉사가 하나님께 인정을 받으려면, 우리 자신의 힘으로 섬기지 말고 부활의 토대 위에서 섬겨야 한다. 우리 자신은 아무 권위가 없다. 우리는 다만 권위를 대표하고 있을 뿐이다. 그런즉 육신은 있을 자리가 없다.

우리가 자신의 변덕스러운 마음에 따라 어떤 일을 행하면 급기야 문제를 일으킬 뿐이다. 교회는 권위의 부재를 두려워할 뿐 아니라 그릇된 권위도 두려워해야 한다. 하나님은 한 가지 생각을 갖고 계신데, 그것은 하나님 자신의 권위를 세우시려는 것이다.

교회에서 권위에 복종하는 것은 절대적인 것이다. 복종 없이는 교회가 있을 수 없다. 마찬가지로, 권위를 대표하는 사람들이 하나님 앞에서 두려워하는 태도 역시 절대적인 것이다. 교회 안에는 두 가지 난제가 있다. 그것은 곧 절대적인 복종의 부재와 그릇된 권위의 존재다. 우리는 부주의하게 말하지 않으며, 경솔하게 자신의 의견을 제시하지 않는 것을 배워야 한다.

우리의 영은 언제나 주님을 향해 열려 있어야 하며, 하나님이 예비하신 빛을 기다려야 한다. 그렇지 않으면 우리는 하나님을 우리의 과오 속으로 끌어들이고, 하나님께 속하지 않은 일을 하나님의 이름으로 행할 것이다.

그러기에 우리는 한편으로는 복종하는 법을 배우고, 또 한편으로는 하나님을 대표하는 방법을 배워야 한다. 이것은 우리가 십자가와 부활을 알아야 한다는 뜻이다. 교회의 장래는 우리가 교훈을 얼마나 잘 배우냐에 따라 크게 좌우된다.

권위는 사역에서 오며 사역은 부활에서 온다

권위의 기초는 사역에 있고, 사역의 기초는 부활에 있다. 부활이 없으면 사역도 없으며, 사역이 없으면 권위도 없게 된다. 아론의 사역은 부활에서 온 것이다. 그것이 없었더라면 그는 전혀 봉사할 수 없었을 것이다. 하나님께서는 결코 사역 밖에 있는 사람을 권위자로 세우지 않으신다.

오늘날 권위는 지위의 문제가 아니다. 영적 사역이 결핍되어 있는 곳에는 지위상의 권위도 있을 수 없다. 하나님 앞에서 영적인 사역을 행하는 사람은 사람들 앞에서 권위가 있다. 이것은 사람의 영적 사역이 하나님의 자녀들 가운데서 그에게 권위를 부여한다는 뜻이다.

사역을 쟁취할 수 있는 방도가 없는 이상, 누가 이 권위를 향유하기 위해 투쟁할 수 있겠는가? 사역이 주님에 의해 분배되듯이 권위도 주님에 의해 결정된다.

모든 권위는 사역에 기초한다. 아론은 하나님의 존전에서 봉사하였기 때문에 권위를 가지고 있었다. 아론의 향로는 백성을 위해 속죄하고 염병을 그치게 할 수 있었지만, 250명의 족장들이 가지고 있던 향로는 하나님께 저주를 받았다.

민수기 16장의 거역은 권위에 대항한 것일 뿐만 아니라 사역에 대항한 것이기도 하다. 아론은 사역을 행하고 있었기 때문에 권위가 있었다. 그 누구의 권위도 자신의 사역을 능가할 수는 없다.

우리는 사역의 권위를 보다 뛰어나게 하려고 노력해서는 안 된다. 우리는 항상 우리에게 너무 크고 기이한 일을 행하려고 해서는 안 된다 (시편 131 : 1을 보라). 그저 우리에게 주어진 몫에 따라 하나님 앞에서 신실하기를 배우자.

많은 형제들이 사역으로부터 오는 권위로 하나님의 자녀들 위에 군림해서는 안 된다는 사실을 알지 못하고, 자기가 임의대로 권위를 가질 수 있다고 잘못 생각하고 있다. 사람들 앞에서의 권위는 하나님 앞에서의 사역과 같은 것이다. 사역의 정도가 권위의 몫을 결정한다. 만일 권위가 사역을 능가한다면, 그것은 지위상의 권위가 되며 더 이상 영적 권위가 될 수 없다.

위임 권위자가 실수를 범하면, 하나님께서 심판하실 것이다. 하나님의 통치에 있어서 최고의 원리는 하나님의 자기 변호이시다. 하나님은 기꺼이 그 이름을 우리에게 주셔서 그 이름을 사용하게 하시므로-말하자면 혹자가 자기의 인장을 우리에게 맡겨서 사용하게 하는 것처럼-만일 우리가 하나님을 잘못 대표할 경우에 하나님은 반드시 자신의 결백을 밝히신다. 하나님은 그 과오가 자신의 과오가 아니라 우리의 과오임을 사람들에게 말씀하실 것이다.

아론은 죽었다. 모세도 죽었다. 그들은 모두 가나안으로 들어가지 못했다. 그렇다고 그들이 하나님과 다투었는가? 아니다. 그들은 하나님의 거룩하심을 밝히는 것이 자기들의 가나안 입성보다도 더 중요하다는 것을 알았기 때문이다. 그들은 차라리 자기들이 가나안에 들어가지 못함으로 하나님께서 자신의 정당함을 드러내시기를 원했다.

신명기 32장에서 볼 수 있듯이, 모세는 백성들에게 그것은 이스라엘의 잘못이지 하나님의 잘못이 아니라는 사실을 애써 설명했다. 그러므로 우리는 진리의 절대성을 견지하지 않으면 안 된다. 주님의 진실한 종이라면 누구도 쉽거나 편리한 길을 추구해서는 안 된다.

하나님의 변호는 인간의 체면보다 훨씬 더 귀중하다. 모세와 아론은 몇 가지 변명거리가 있었는데도 불구하고 결코 자신들을 위해서 논쟁하거나 탄원하지 않았다. 과거에 여러 번 그들은 이스라엘 백성을 위해 중재의 기도를 드렸으나, 지금은 자신들을 위해서 간구하지 않았다. 그러한 침묵은 지극히 귀한 것이다. 그들은 하나님께 하나님 자신의 결백을 드러낼 기회를 드릴 수 있다면, 차라리 그 어려움을 견디기 원했다.

권위는 사역에서 온다. 그리고 권위는 사람들의 마음속으로 흘러들어가 하나님을 알게 한다. 사역은 부활 생명에서 나와 하나님 안에 뿌리를 박는다.

모세와 아론의 경우처럼, 사역자가 하나님의 권위를 잘못 대표할 때 그의 사역은 끝난다. 그러므로 우리는 주님의 증거를 유지하는 방법을 배우도록 하자. 우리가 심판을 받지 않으려거든 경솔하게 조언을 해서는 안 될 것이다.

하나님이시여, 우리에게 자비를 베푸사 하나님의 가르침을 받게 하여 주옵소서! 이 마지막 때에 당신의 교회에 은혜를 베푸시옵소서! 그리고 우리는 이렇게 기도해야 한다. 오, 주님이시여, 주님의 권위가 교회 안에서 드러나게 하옵소서! 주님이시여, 모든 형제 자매들이 권위가 무엇인지 진정으로 알게 하여 주시옵소서!

하나님께서 인간을 통해 하나님의 권위를 나타내실 수 있을 때 지역 교회는 계시를 받게 될 것이다. 권위를 위임받은 자들은 하나님을 잘못 대표하지 않으며, 따르는 사람들은 오해를 하지 않을 것이다. 각 사람이 모두 자기의 입장을 알 것이며, 하나님은 마땅히 하나님의 뜻대로 행하실 것이다.

17
권위 아래 속해야 하는 위임 권위자들

　사울이 블레셋 사람을 따르다가 돌아오매 혹이 그에게 고하여 가로되 보소서 다윗이 엔게디 황무지에 있더이다 사울이 온 이스라엘에서 택한 사람 삼천을 거느리고 다윗과 그의 사람들을 찾으러 들염소 바위로 갈새 길 가 양의 우리에 이른즉 굴이 있는지라 사울이 그 발을 가리우러 들어가니라 다윗과 그의 사람들이 그 굴 깊은 곳에 있었더니 다윗의 사람들이 가로되 보소서 여호와께서 당신에게 이르시기를 내가 원수를 네 손에 붙이리니 네 소견에 선한 대로 그에게 행하라 하시더니 이것이 그날이니이다 다윗이 일어나서 사울의 겉옷자락을 가만히 베니라 그리한 후에 사울의 옷자락 벰을 인하여 다윗의 마음이 찔려 자기 사람들에게 이르되 내가 손을 들어 여호와의 기름부음을 받은 내 주를 치는 것은 여호와의 금하시는 것이니 그는 여호와의 기름부음을 받은 자가 됨이니라 하고(삼상 24:1-6).

　다윗과 아비새가 밤에 그 백성에게 나아가 본즉 사울이 진 가운데 누워 자고 창은 머리 곁 땅에 꽂혔고 아브넬과 백성들은 그를 둘러 누웠는지라 아비새가 다윗에게 이르되 하나님이 오늘날 당신의 원수를 당신의 손에 붙이셨나이다 그러므로 청하오니 나로 창으로 그를 찔러서 단번에 땅에 꽂게 하소서 내가 그를 두 번 찌를 것이 없으리이다 다윗이 아비새에게 이르되 죽이지 말라 누구든지 손을 들어 여호와의 기름부음을 받은 자를 치면 죄가 없겠느냐 또 가로되 여호와께서 사시거니와 여호와께서 그를 치시리니 혹 죽을 날이 이르거나 혹 전장에 들어가서 망하리라 내가 손을 들어 여호와의 기름부음을 받은 자를 치는 것을 여호와께서 금하시나니 너는 그의 머리 곁에 있는 창과 물병만 가지고 가자 하고 다윗이 사울의 머리 곁에서 창과 물병을 가지고 떠나가되 깨든지 이를 보든지 알든지 하는 사람이 없었으니 이는 여호와께서 그들로 깊이 잠들게 하셨으므로 그들이 다 잠이 었더라(삼상 26 : 7-12).

다윗이 자기에게 고하는 소년에게 묻되 사울과 그 아들 요나단의 죽은 줄을 네가 어떻게 아느냐 그에게 고하는 소년이 가로되 내가 우연히 길보아산에 올라보니 사울이 자기 창을 의지하였고 병거와 기병은 저를 촉급히 따르는데 사울이 뒤로 돌이켜 나를 보고 부르시기로 내가 대답하되 내가 여기 있나이다 한즉 내게 이르되 너는 누구냐 하시기로 내가 대답하되 나는 아말렉 사람이니이다 한즉 또 내게 이르되 내 목숨이 아직 내게 완전히 있으므로 내가 고통에 들었나니 너는 내 곁에 서서 나를 죽이라 하시기로 저가 엎드러진 후에는 살 수 없는 줄을 내가 알고 그 곁에 서서 죽이고 그 머리에 있는 면류관과 팔에 있는 고리를 벗겨서 내 주께로 가져왔나이다 이에 다윗이 자기 옷을 잡아 찢으매 함께 있는 모든 사람도 그리하고 사울과 그 아들 요나단과 여호와의 백성과 이스라엘 족속이 칼에 죽음을 인하여 저녁 때까지 슬퍼하여 울며 금식하니라 다윗이 그 고한 소년에게 묻되 너는 어디 사람이냐 대답하되 나는 아말렉 사람 곧 외국인의 아들이니이다 다윗이 저에게 이르되 네가 어찌하여 손을 들어 여호와의 기름부음 받은 자 죽이기를 두려워하지 아니하였느냐 하고 소년 중 하나를 불러 이르되 가까이 가서 저를 죽이라 하매 그가 치매 곧 죽으니라(삼하 1 : 5-15).

그 후에 다윗이 여호와께 물어 가로되 내가 유다 한 성으로 올라가리이까 여호와께서 가라사대 올라가라 다윗이 가로되 어디로 가리이까 가라사대 헤브론으로 갈지니라(삼하 2 : 1).

브에롯 사람 림몬의 아들 레갑과 바아나가 행하여 볕이 쬘 때 즈음에 이스보셋의 집에 이르니 마침 저가 낮잠을 자는지라 레갑과 그 형제 바아나가 밀을 가지러 온 체하고 집 가운데로 들어가서 그 배를 찌르고 도망하였더라 저희가 집에 들어가니 이스보셋이 침실에서 상 위에 누웠는지라 저를 쳐죽이고 목을 베어 그 머리를 가지고 밤새도록 아라바 길로 행하여 헤브론에 이르러 다윗왕에게 이스보셋의 머리를 드리며 고하되 왕의 생명을 해하려 하던 원수 사울의 아들 이스보셋의 머리가 여기 있나이다 여호와께서 오늘 우리 주 되신 왕의 원수를 사울과 그 자손에게 갚으셨나이다 다윗이 브에롯 사람 림몬의 아들 레갑과 그 형제 바아나에게 대답하여 가로되 내 생명을 여러 환난 가운데서 건지신 여호와의 사심을 가리켜 맹세하노니 전에 사람이 내게 고하기를 사울이 죽었다 하며 좋은 소식을 전하는 줄로 생각하였어도 내가 저를 잡아 시글락에서 죽여서 그것으로 그 기별의 갚음을 삼았거든 하물며 악인이 의인을 그 집 침상 위에서 죽인 것이겠느냐 그런즉 내가 저의 피 흘린 죄를 너희에게 갚아서 너희를 이 땅에서 없이 하지 아니하겠느냐 하고 소년들을 명하매 곧 저희를 죽이고 수족을 베어 헤브론 못가에 매어 달고 이스보셋의 머리를 가져다가 헤브론에서 아브넬의 무덤에 장사하였더라(삼하 4: 5-12).

이스라엘 모든 지파가 헤브론에 이르러 다윗에게 나아와 말하여 가로되 보소서 우리는 왕의 골육이니이다 전일 곧 사울이 우리의 왕이 되었을 때에도 이스라엘을 거느려 출입하게 한 자는 왕이시었고 여호와께서도 왕에게 말씀하시기를 네가 내 백성 이스라엘의 목자가 되며 이스라엘의 주권자가 되리라 하셨나이다 하니라 이에 이스라엘 모든 장로가 헤브론에 이르러 왕에게 나아오매 다윗왕이 헤브론에서 여호와 앞에서 저희와 언약을 세우매 저희가 다윗에게 기름을 부어 이스라엘 왕을 삼으니라(삼하 5:1-3).

여호와의 궤가 다윗 성으로 들어올 때에 사울의 딸 미갈이 창으로 내다보다가 다윗왕이 여호와 앞에서 뛰놀며 춤추는 것을 보고 심중에 저를 업신여기니라 여호와의 궤를 메고 들어가서 다윗이 위하여 친 장막 가운데 그 예비한 자리에 두매 다윗이 번제와 화목제를 여호와 앞에 드리나라 다윗이 번제와 화목제 드리기를 마치고 만군의 여호와의 이름으로 백성에게 축복하고 모든 백성 곧 온 이스라엘 무리의 무론 남녀하고 떡 한 개와 고기 한 조각과 건포도떡 한 덩이씩 나눠 주매 모든 백성이 각기 집으로 돌아가니라 다윗이 자기의 가족에게 축복하러 돌아오매 사울의 딸 미갈이 나와서 다윗을 맞으며 가로되 이스라엘 왕이 오늘날 어떻게 영화로우신지 방탕한 자가 염치없이 자기의 몸을 드러내는 것처럼 오늘날 그 신복의 계집종의 눈앞에서 몸을 드러내셨도다 다윗이 미갈에게 이르되 이는 여호와 앞에서 한 것이니라 저가 네 아비와 그 온 집을 버리시고 나를 택하사 나로 여호와의 백성 이스라엘의 주권자를 삼으셨으니 내가 여호와 앞에서 뛰놀리라 내가 이보다 더 낮아져서 스스로 천하게 보일지라도 네가 말한 바 계집종에게는 내가 높임을 받으리라 한지라 그러므로 사울의 딸 미갈이 죽는 날까지 자식이 없으니라(삼하 6:16-23).

다윗왕이 여호와 앞에 들어가 앉아서 가로되 주 여호와여 나는 누구오며 내 집은 무엇이관대 나로 이에 이르게 하셨나이까(삼하 7:18).

그때에 왕이 가드 사람 잇대에게 이르되 어찌하여 너도 우리와 함께 가느냐 너는 쫓겨난 나그네니 돌아가서 왕과 함께 네 곳에 있으라 너는 어제 왔고 나는 정처 없이 가니 오늘밤 어찌 너로 우리와 함께 유리하게 하리요 너도 돌아가고 네 동포들도 데려가라 은혜와 진리가 너와 함께 있기를 원하노라(삼하 15:19-20).

사독과 그와 함께한 모든 레위 사람이 하나님의 언약궤를 메어다가 내려놓고 아비아달도 올라와서 모든 백성이 성에서 나오기를 기다리더니 왕이 사독에게 이르되 하나님의 궤를 성으로 도로 메어 가라 만일 내가 여호와 앞에서 은혜를 얻으면 도로 나를 인도하사 내게 그 궤와 그 계신 데를 보이시리라 그러나 저가 말씀하시기를 내가 너를 기뻐하지 아니한다 하시면 종이 여기 있사오니 선히 여기시는 대로 내게 행하시옵소서 하리라(삼하 15:24-26).

다윗왕이 바후림에 이르매 거기서 사울의 집 족속 하나가 나오니 게라의 아들이요 이름은 시므이라 저가 나오면서 연하여 저주하고 또 다윗과 다윗왕의 모든 신복을 향하여 돌을 던지니 그때에 모든 백성과 용사들은 다 왕의 좌우에 있었더라 시므이가 저주하는 가운데 이와 같이 말하니라 피를 흘린 자여 비루한 자여 가거라 가거라 사울의 족속의 모든 피를 여호와께서 네게로 돌리셨도다 그 대신에 네가 왕이 되었으나 여호와께서 나라를 네 아들 압살롬의 손에 붙이셨도다 보라 너는 피를 흘린 자인 고로 화를 자취하였느니라 스루야의 아들 아비새가 왕께 여짜오되 이 죽은 개가 어찌 내 주 왕을 저주하리이까 청컨대 나로 건너가서 저의 머리를 베게 하소서 왕이 가로되 스루야의 아들들아 내가 너희와 무슨 상관이 있느냐 저가 저주하는 것은 여호와께서 저에게 다윗을 저주하라 하심이니 네가 어찌 그리하였느냐 할 자가 누구겠느냐 하고 또 아비새와 모든 신복에게 이르되 내 몸에서 난 아들도 내 생명을 해하려 하거든 하물며 이 베냐민 사람이랴 여호와께서 자에게 명하신 것이니 저로 저주하게 버려 두라 혹시 여호와께서 나의 원통함을 감찰하시리니 오늘날 그 저주 까닭에 선으로 내게 갚아 주시리라 하고 다윗과 그 종자들이 길을 갈 때에 시므이는 산비탈로 따라가면서 저주하고 저를 향하여 돌을 던지며 티끌을 날리더라 왕과 그 함께 있는 백성들이 다 곤비하여 한 곳에 이르러 거기서 쉬니라(삼하 16 : 5-14).

이스라엘 모든 지파 백성들이 변론하여 가로되 왕이 우리를 원수의 손에서 구원하여 내셨고 또 우리를 블레셋 사람의 손에서 구원하셨으나 이제 압살롬을 피하여 나라에서 나가셨고 우리가 기름을 부어 우리를 다스리게 한 압살롬은 싸움에 죽었거늘 이제 너희가 어찌하여 왕을 도로 모셔 올 일에 잠잠하고 있느냐 하니라 다윗왕이 사독과 아비아달 두 제사장에게 기별하여 가로되 너희는 유다 장로들에게 고하여 이르기를 왕의 말씀이 온 이스라엘이 왕을 궁으로 도로 모셔 오자 하는 말이 왕께 들렸거늘 너희는 어찌하여 궁으로 모시는 일에 나중이 되느냐 너희는 내 형제요 내 골육이어늘 어찌하여 왕을 도로 모셔 오는 일에 나중이 되리요 하셨다 하고 너희는 또 아마사에게 이르기를 너는 내 골육이 아니냐 네가 요압을 대신하여 항상 내 앞에서 군장이 되지 아니하면 하나님이 내게 벌 위에 벌을 내리시기를 바라노라 하셨다 하라 하여 모든 유다 사람들로 마음을 일제히 돌리게 하매 저희가 왕께 보내어 가로되 왕은 모든 신복으로 더불어 돌아오소서 한지라 왕이 돌아와 요단에 이르매 유다 족속이 왕을 맞아 요단을 건네려 하여 길갈로 오니라 (삼하 19 : 9-15).

구약 시대에 다윗은 하나님이 왕으로 삼으신 두번째 사람이 되었다. 물론 첫번째 왕이었던 사울도 하나님이 세우셨다. 다윗은 하나님에 의해 새롭게 세움을 받았고, 새롭게 주의 기름부음을 받았다. 반면에 사울은 권위를 빼앗겼으며, 그의 기름부음은 과거의 일이 되어 버렸다. 하나님의 영이 그를 이미 떠났기 때문이다.

이제 우리는 다윗이 자기 자신의 권위를 세우려고 노력하지 않고 어떻게 기존의 권위에 복종했는지를 살펴보겠다.

하나님께서 권위를 확보해 주실 때까지 기다린다

사무엘상 24장은 엔게디에서 발생한 사건을 기록하고 있다. 다윗은 거기서 사울의 옷자락을 베고 그 마음에 찔림을 받았다. 그의 양심은 극도로 민감했기 때문이다. 26장은 다윗이 사울의 창과 물병을 가지고 나간 이야기를 하고 있다. 다윗은 아마 사울에게 속한 물건들을 취함으로써, 그것이 자신의 존재의 증거가 되어 자신의 말을 더 잘 들어줄 것이라고 생각했을 것이다.

그러나 이것은 변호사의 방법이지 그리스도인의 방법은 아니다. 그리스도인은 딱딱한 논리가 아니라 따스한 온정을 내보여야 한다. 그리스도인은 증거를 내세우기보다는 사실을 다루어야 한다. 사실 처음에 다윗은 마치 변호사처럼 행동했지만, 그리스도인의 온정을 가진 그는 즉시 마음이 찔렸다.

하나님 앞에서 우리는 정책이 아니라 사실에 관심을 두어야 한다. 따라서 우리는 절차를 강조하지 않는다. 옷자락을 벤 일과 창과 물병을 가지고 나온 일이 다른 사람들로 하여금 우리의 말을 더 잘 듣도록 만들지는 모르나, 우리 마음은 여전히 찔리는 데가 있을 것이다.

다윗은 권위에 복종할 줄 아는 사람이었다. 그는 결코 사울의 권위를 폐기하지 않았다. 그는 다만 하나님께서 자기의 권위를 확보해 주시기를 기다릴 따름이었다. 그는 하나님께서 그 일을 하시는 것을 주제넘게 도우려고 하지 않았다. 대신에 그는 기쁘게 하나님의 처사만을 기다렸다. 누구든지 하나님의 위임 권위자가 되고자 하는 사람은 자기 스스로 권위를 확보하려고 노력하지 않는 것을 배워야 한다.

권위자는 하나님의 선택과 교회의 선택을 받아야 한다

사무엘하 1장은 어떤 사람이 사울을 죽였는데, 다윗이 도리어 그를 심판한 이야기가 기록되어 있다. 그 이유는 무엇인가? 그 살해자는 권위를 무시했기 때문이다. 다윗을 직접 무시한 것은 아니었지만 그것은 권위를 무시한 것이었기 때문에 다윗은 그에 대해 심판을 했다.

사울이 죽은 후, 다윗은 어느 성으로 가야 할지 하나님께 문의했다. 인간적으로 말하면, 다윗은 그의 군대를 이끌고 재빨리 예루살렘으로 내려갔어야 했다. 거기에 궁전이 있었기 때문이다. 이것은 놓쳐서는 안 될 기회였다. 그러나 다윗은 하나님께 물었으며, 하나님은 그에게 헤브론으로 가라고 말씀하셨다. 헤브론은 작고 보잘것없는 성이었다.

다윗이 헤브론으로 갔다는 사실은 그가 자진해서 권위를 움켜쥐려고 노력하지 않았음을 입증해 주었다. 그는 하나님의 사람에 의해 기름 부음 받기를 기다렸다. 처음에 사무엘이 다윗에게 기름을 부은 것은 그가 하나님께 선택받은 사람이었기 때문이다. 그리고 유다 백성이 다윗에게 기름을 부었는데, 이는 그가 백성들에 의해 선택을 받았기 때문이다. 바로 이 행위는 교회의 선택권 행사를 상징한다.

다윗은 백성들이 자기에게 기름 붓는 것을 반대하거나 거절할 수 없었다. 또한 "나는 이미 하나님의 기름부으심을 받았으니, 당신들의 기름부음을 받을 필요가 없습니다"라고 말할 수도 없었다. 하나님에 의해 기름부음을 받는 것과 백성들에 의해 기름부음을 받는 것은 별개의 문제다. 교회의 선택과 하나님의 선택이 둘 다 있어야 한다. 어느 누구도 강제로 다른 사람들에게 힘을 행사할 수 없다.

다윗이 예루살렘으로 올라가지 않았던 것은 하나님의 사람들이 자기에게 기름 붓기를 기다리고 있었기 때문이다. 다윗은 7년 동안 헤브론에 남아 있었다. 이는 결코 짧은 기간이 아니었지만, 그는 조급해 하지 않았다.

하나님께서는 자아로 충만하고 자기 영광을 추구하는 사람을 결코 권위자로 택하지 않으신다. 하나님은 다윗을 유다뿐 아니라 온 이스라엘의 왕으로 기름부으셨지만, 하나님의 백성들은 아직 이것을 온전히 받아들이지 않았다. 유다의 집이 그에게 기름을 부었으므로, 다윗은 먼저 그 집의 왕이 되었다. 나머지 집에 대해서도 그는 걱정하지 않고 기다렸다.

헤브론에서 7년 동안 유다를 다스린 후에, 이스라엘의 모든 지파들이 다윗을 왕으로 기름 붓고, 이후 그는 예루살렘에서 33년 동안 왕이 되었다. 권위는 본질상 스스로 세울 수도 없고 다른 사람들에게 강요할 수도 없는 것이다. 권위는 하나님이 정하시고 사람들이 기름을 부어야 한다.

하나님의 자녀들을 다스리는 권위를 가지려면, 주님의 기름부으심과 사람들의 기름부음이 둘 다 필요하다. 30세에서 37세까지 7년 동안 다윗은 자기가 이스라엘 백성들에게 기름부음 받을 것을 조금도 의심하지 않았다. 그는 이 문제를 하나님의 손에 위탁했다.

하나님을 아는 사람은 기다릴 수 있다. 자기만 올바르게 처신하고 있다면, 그는 하나님에 의해 하나님의 대표자로 인정받을 뿐 아니라 교회에 의해서도 하나님의 대표자로 인정받게 될 것이다.

우리는 육으로 투쟁하지 말자. 손가락 하나도 까딱하지 말자. "나는 하나님이 정하신 권위자니, 당신들은 모두 나에게 복종하시오"라고 일어서서 큰소리 칠 사람은 아무도 없다. 우리는 먼저 주님 앞에서 영적 사역을 행하는 것을 배우고, 그러고 나서 하나님의 때가 되면 하나님의 자녀들 가운데로 들어가 그들을 섬겨야 할 것이다.

권위의 유지

왜 다윗은 헤브론에서 기다려야 했는가? 사울이 죽은 후에 그의 아들 이스보셋이 사울에 이어 예루살렘에서 왕위를 계승하였기 때문이다. 후에 레갑과 바아나가 이스보셋을 죽여 그의 머리를 헤브론으로 가지고 왔다. 그들은 희소식을 가지고 왔다고 생각했다. 그러나 다윗은 그들을 죽였다. 그들이 권위에 대항했다는 이유로 다윗은 그들을 심판했다.

권위자가 되는 과정을 잘 아는 사람일수록 권위를 유지하는 데도 더 능란하다. 누구든지 자신의 권위를 세우기 위해 타인의 권위에 해를 끼쳐서는 안 된다. 권위에 대한 거역이 있을 때마다―비록 그것이 직접적으로 당신에 대한 것이 아니라 하더라도―그것은 심판을 받아야 한다. 사람들이 당신의 권위를 침해했을 때만 그들을 다루지 말라.

하나님 앞에서 누가 권위자인가

사무엘하 6장은 다윗이 온 이스라엘의 왕이 된 후에 법궤 앞에서 춤을 춘 이야기를 말하고 있다. 사울의 딸이자 다윗의 아내인 미갈이 다윗의 춤추는 광경을 보고 마음속으로 그를 멸시했다. 미갈은 다윗이 왕으로서 이스라엘 백성 앞에서 품위 있게 행동해야 한다고 생각했다. 즉 자기 아버지 사울왕처럼 자신의 위엄을 유지해야 한다고 생각했다.

그러나 다윗의 생각은 달랐다. 그는 자신이 비천한 사람이기 때문에 하나님 앞에서 내세울 권위가 없다고 생각했다. 미갈은 자기 생각

속에서 자기 아버지와 똑같은 과오를 범했다. 사울은 제일 좋은 소와 양을 살려 둠으로써 하나님의 명령을 거슬러서 하나님께 버림을 받은 후에도 여전히 자기의 체면을 지키기 위해 사무엘에게 백성들 앞에서 자기를 높여 달라고 간청했다.

미갈은 이런 식의 행동에 익숙했다. 그러나 그것은 다윗이 알고 있는 것과 완전히 달랐다. 그 결과 하나님께서 다윗은 받아들이셨으나 미갈은 심판하여 자식을 낳지 못하게 하셨다. 지금도 미갈의 길을 따라 행하는 사람은 자식을 얻지 못할 것이다.

권위를 대표하는 사람은 하나님과 사람들 앞에서 낮아지고 겸손해야 한다. 교만한 마음을 가져서는 안 되며, 사람들 가운데서 자신의 권위를 유지하려고 노력해서도 안 된다. 다윗은 왕위에 앉아 있기는 했지만 하나님의 법궤 앞에서는 다른 사람들과 다를 바가 없었다.

하지만 미갈은 다윗이 하나님의 존전에서도 왕이라고 생각했다. 그녀는 다윗이 법궤 앞에서 춤을 추는 모습을 보고 참을 수가 없어서 다윗을 조롱하며 말하기를 "이스라엘 왕이 오늘날 어떻게 영화로우신지"라고 했다. 교회에서는 일부 사람들이 권위자로 택함을 받을지라도 하나님 앞에서는 만인이 동등하다. 그러므로 여기에 권위의 기초와 비밀이 있다.

권위 의식을 갖지 않는다

나는 사무엘하 7:18 말씀을 특히 좋아한다-"다윗왕이 여호와 앞에 들어가 앉았다." 성전이 아직 완성되지 않아서 법궤는 그대로 장막 안에 있었고 다윗은 땅에 앉았다. 거기서 하나님은 다윗과 언약을 맺으셨으며, 다윗은 훌륭한 기도를 올렸다.

이 기도에서 우리는 부드럽고 섬세한 마음을 볼 수 있다. 다윗은 왕이 되기 전에 유능한 전사였으며, 그 앞에 설 자가 아무도 없었다. 그런데 지금 왕이 되었는데도 그는 겸손하게 바닥에 앉았다. 그는 여전히 겸손한 사람으로 남아 있었다.

왕궁에서 태어난 미갈은 자기 아버지처럼 자신의 위엄을 유지하기 원했다. 그녀는 사람이 하나님 존전에 들어가는 것과 나오는 것의 차이를 알지 못했다. 사람이 하나님 존전에서 나오는 것은 권위를 가지고 하나님을 위해 말하고 활동하는 것이며, 하나님의 존전으로 들어가는 것은 자기가 무가치한 사람임을 인정하고 주님의 발 아래 엎드리는 것이다.

다윗은 참으로 하나님이 세우신 왕이었다. 그는 하나님의 권위를 갖고 있었기 때문이다. 그리스도는 아브라함의 후손일 뿐만 아니라 다윗의 후손이기도 했다. 성경에서 언급된 마지막 왕의 이름이 다윗의 이름이다. 다윗이 왕이었음에도 불구하고 자기의 무가치함을 의식할 뿐 자기가 왕이라는 것을 전혀 의식하지 않았다는 것은 참으로 놀라운 사실이 아닌가?

자기가 권위자라고 생각하거나 느끼는 사람은 사실상 권위자가 될 자격이 없는 사람이다. 권위를 많이 가진 자일수록 자기가 가진 권위를 덜 의식하는 법이다. 하나님의 권위를 대표하는 사람은 자기 속에 이 복된 어리석음을 지니고 있어야 한다. 즉 권위를 가지고 있으면서도 자신이 권위자임을 의식하지 못하는 것이다.

권위자는 스스로 권위를 유지할 필요가 없다

압살롬의 반역은 이중적인 반역이었다. 즉 그는 아들로서 아버지를 반역했으며, 백성으로서 왕을 반역한 것이다. 다윗이 성을 도망쳐 나올 때 그는 자기를 따를 사람들이 절실히 필요했다. 그러나 그는 가드 사람 잇대에게 다음과 같이 말하였다. "너는 쫓겨난 나그네니 돌아가서 왕과 함께 네 곳에 있으라"(삼하 15:19).

다윗의 마음은 얼마나 부드러웠는가! 자기가 곤경을 당해도 그는 사람들을 데리고 가려 하지 않았다. 궁전에 있을 때는 사람의 진상을 알기가 어렵지만, 시련에 처하면 그가 어떤 사람인지 분명히 드러난다.

제사장들이 언약궤를 가지고 왔다. 만일 그 언약궤가 다윗과 함께 갔다면, 많은 이스라엘 백성들이 분명히 따라갔을 것이다. 그러나 다윗은 자기의 곤경을 딛고 일어섰다. 그는 언약궤를 가지고 가려 하지 않았다. 그보다 하나님께서 선히 여기는 대로 행하시도록 맡겼다. 그의 태도는 하나님의 능하신 손 아래 절대적으로 복종하는 태도였다.

그는 이렇게 말했다. "만일 내가 여호와 앞에서 은혜를 얻으면 도로 나를 인도하사 내게 그 궤와 그 계신 데를 보이시리라 그러나 저가 말씀하시기를 내가 너를 기뻐하지 아니한다 하시면 종이 여기 있사오니 선히 여기시는 대로 내게 행하시옵소서 하리라"(삼하 15:25, 26). 그리하여 다윗은 언약궤를 멘 사독과 모든 제사장들을 설득시켜 되돌려 보냈다.

그렇게 말하는 것이 쉽게 들릴지도 모르나, 막상 쫓기고 있는 상황에서 그렇게 말하기는 극히 어려운 일이다. 성을 도망친 사람들은 수적으로 얼마 되지 않았다. 예루살렘은 반역자들로 가득 차 있었다. 그럼에도 다윗은 그의 선한 친구들을 되돌려 보냈다.

다윗의 마음은 얼마나 순수했던가! 그는 감람산으로 올라갈 때 울면서 머리를 가리우고 맨발로 걸어갔다. 진정으로 그는 얼마나 온유하고 겸손하였던가!

진실로 하나님이 세우신 권위자의 태도는 그런 것이다. 사람들과 아귀다툼을 해야 할 이유가 무엇인가? 왕이 되느냐 되지 않느냐는 하나님이 결정하시는 문제이며, 따르는 군중에 의해 결정되거나 언약궤의 존재 여부에 따라 결정되는 것이 아니다. 다윗은 자기의 권위를 유지하기 위해 애쓸 필요를 조금도 느끼지 못했다.

권위자는 분노를 참을 수 있다

거역 정신은 전염성이 있다. 계속해서 다윗을 저주하며 그에게 돌을 던졌던 시므이가 나오면서 말하기를 "사울의 족속의 모든 피를 여호와께서 네게로 돌리셨도다"(삼하 16:8)라고 했다. 이것이야말로 얼토당토않은 소리이다. 다윗은 사울의 족속의 피를 흘린 적이 없었다.

그러나 다윗은 결코 논쟁하거나 복수하거나 대항하지 않았다. 그의 곁에는 힘센 신하들이 있었다. 시므이를 죽이는 것쯤은 쉬운 일이었다. 하지만 다윗은 그들이 시므이를 죽이려는 것을 말리면서 이렇게 말했다. "여호와께서 저에게 명하신 것이니 저로 저주하게 버려 두라"(삼하 16:11).

참으로 다윗은 얼마나 깨어지고 부드러운 사람이었는가! 이 시간에 우리는 성경을 읽으면서 다윗의 마음을 접해 보아야 한다. 그 당시 낙심하고 외로웠던 다윗은 확실히 자기의 울분을 시므이에게 조금이나마 풀 수도 있었을 것이다. 그러나 다윗은 절대적으로 순종하는 사람이었다. 그는 하나님께 복종했으며 모든 것을 하나님으로부터 오는 것으로 받아들였다.

모든 형제 자매들이 이 교훈을 배우도록 하자. 하나님이 정하신 권위자는 분노를 능히 참을 수 있다. 당신이 가진 권위가 손상되지 않는 한 당신은 계속 권위를 누릴 자격이 있다. 하나님께서 당신을 임명했다고 해서 마음대로 권위를 행사할 수 있다고 생각하지 말라. 오직 순종하는 사람만이 권위를 누리기에 적합한 사람이다.

하나님의 능하신 손 아래서 자신을 낮추라

다윗은 압살롬이 죽은 후에 곧장 궁전으로 돌아가지 않았다. 무엇 때문이었는가? 압살롬도 백성들에 의해 왕으로 기름부음을 받았기 때문이었다. 그래서 다윗은 기다려야 했다. 열한 지파가 왕에게 와서 돌아갈 것을 청했으나 유다 지파만은 침묵을 지켰다.

그래서 다윗은 그들의 마음을 돌이키기 위해 유다에게 메시지를 보냈다. 비록 지금은 그들에게 쫓김을 당했으나 다윗 자신도 그 지파에 속하였기 때문이다. 다윗은 모든 백성들이 그가 돌아오기를 간청할 때까지 기다렸다.

진실로 다윗은 원래 하나님에 의해 세움을 받았지만, 그럼에도 불구하고 시련이 닥쳤을 때 하나님의 능하신 손 아래서 자신을 낮추는 것을 배웠다. 그는 근심하지 않았고, 자신을 위해 싸우지도 않았다. 그의 모든 싸움은 하나님의 백성들을 위한 것이었다.

권위자로 하나님에게 쓰임을 받는 사람은 모두 이와 같이 다윗의 정신을 가져야 한다. 누구도 자기 자신을 방어하거나 변명하려고 해서는 안 된다.

하나님 앞에서 겸손하게 기다리는 것을 배우라. 순종하는 법을 가장 잘 아는 사람만이 권위를 누리기에 가장 적합한 사람이다. 하나님 앞에서 자신을 낮추면 낮출수록, 하나님께서는 그 사람을 더 빨리 변호해 주신다.

18

위임 권위자들의 일상 생활과 내적 동기

세베대의 아들 야고보와 요한이 주께 나아와 여짜오되 선생님이여 무엇이든지 우리의 구하는 바를 우리에게 하여 주시기를 원하옵나이다 이르시되 너희에게 무엇을 하여 주기를 원하느냐 여짜오되 주의 영광 중에서 우리를 하나는 주의 우편에, 하나는 좌편에 앉게 하여 주옵소서 예수께서 가라사대 너희 구하는 것을 너희가 알지 못하는도다 너희가 나의 마시는 잔을 마시며 나의 받는 세례를 받을 수 있느냐 저희가 말하되 할 수 있나이다 예수께서 이르시되 너희가 나의 마시는 잔을 마시며 나의 받는 세례를 받으려니와 내 좌우편에 앉는 것은 나의 줄 것이 아니라 누구를 위하여 예비되었든지 그들이 얻을 것이니라 열 제자가 듣고 야고보와 요한에 대하여 분히 여기거늘 예수께서 불러다가 이르시되 이방인의 소위 집권자들이 저희를 임의로 주관하고 그 대인들이 저희에게 권세를 부리는 줄을 너희가 알거니와 너희 중에는 그렇지 아니하니 너희 중에 누구든지 크고자 하는 자는 너희를 섬기는 자가 되고 너희 중에 누구든지 으뜸이 되고자 하는 자는 모든 사람의 종이 되어야 하리라 인자의 온 것은 섬김을 받으려 함이 아니라 도리어 섬기려 하고 자기 목숨을 많은 사람의 대속물로 주려 함이니라(막 10:35-45).

주님의 잔을 마시고 주님의 세례를 받으라

주님이 세상에 계시는 동안 사람들에게 권세를 누리는 법에 대해서는 가르치신 적이 거의 없다. 주님이 세상에 오신 목적은 그것이 아니었기 때문이다. 권세에 관해서 주님이 가장 명백하게 가르치신 구절이 바로 마가복음 10장이다. 참으로 권세를 누리는 법을 알기 원하는 사람은 반드시 이 구절을 읽어 보아야 한다.

주님은 여기서 우리에게 권세로 나아가는 길을 보여 주신다. 그것은 야고보와 요한으로부터 시작되었다. 그들은 영광 중에 계신 주님의 양편에 앉기를 원하였다. 그들은 그러한 요구가 부당하다는 것을 알고 감히 그 문제를 직접적으로 드러내지는 않고, 교묘하게 자기들의 소원을 들어 달라고 주님께 간청했던 것이다. 그들은 먼저 주님께 약속을 받아 놓으려고 했다.

그러나 주님은 쉽사리 응낙하지 않고, 무엇을 해주기를 원하느냐고 물으셨다. 그들은 말하기를 "주의 영광 중에서 우리를 하나는 주의 우편에, 하나는 좌편에 앉게 하여 주옵소서"라고 했다.

이러한 요구는 두 가지 의미를 내포하고 있다. 하나는 주님과 가까이 있게 해 달라는 것이요, 또 하나는 더 많은 권세를 갖게 해 달라는 것이었다. 주님과 가까이 있기를 소원하는 것은 정당한 것이었지만, 그들은 다른 열 제자보다 영광 중에서 더 많은 권세를 누리기를 원하였기에 그들의 요구는 지나친 것이었다.

주님께서는 그들에게 어떻게 답변해 주셨는가? 처음에 주님은 그들에게 무엇을 하여 주기를 원하느냐고 물으셨으나, 지금은 그들이 스스로 구하는 것을 모르고 있다고 말씀하신다.

주님은 주님 곁에 있으려는 욕망이나 권세 있는 자리에 앉으려는 욕망을 거절하지 않으셨으며, 또한 주님의 우편과 좌편에 앉으려는 열망을 탓하지도 않으셨다. 다만 그들이 주님의 좌우편에 앉기 전에 주님의 잔을 마시고 주님의 세례를 받아야 한다고 대답하셨을 뿐이다.

야고보와 요한은 그들이 원하는 것을 구하기만 하면 얻을 수 있다고 생각했으나, 주님은 그것을 구하기에 앞서 먼저 잔을 마시고 세례를 받아야 한다고 대답하셨다. 그러므로 사람들이 주님의 잔을 마시지 않고 주님의 세례를 받지 않고는 주님 곁에 가까이 갈 수도 없으며, 권세를 취할 수도 없다는 것이 명백한 사실이다.

주님의 잔과 세례는 무엇인가

주님의 잔의 의미는 무엇인가? 주님은 겟세마네 동산에서 잔을 앞에 두고 이렇게 기도하셨다. "내 아버지여 만일 할 만하시거든 이 잔을 내게서 지나가게 하옵소서 그러나 나의 원대로 마옵시고 아버지의 원대로 하옵소서"(마 26 : 39).

그 순간에 잔과 하나님의 뜻은 아직 하나가 아니었다. 잔은 제거될 수 있었으나, 하나님의 뜻은 변경될 수 없었다. 주님은 무조건 하나님의 뜻을 행하기를 갈망하였지만, 아직 꼭 잔을 마셔야 할 필요는 없었다. 이때 주님의 태도는 이런 것이었다. 즉 주님이 그 잔을 마시는 것이 하나님의 뜻이라면 마시겠지만, 그것이 하나님의 뜻이 아니라면 마시지 않겠다는 것이었다.

그런 말씀은 우리에게 경배심을 일으킨다. 주님께서 겟세마네 동산에서 강조하신 것은 그 잔이 하나님의 뜻이냐 아니냐 하는 것이었다. 세 번 기도하신 후에 주님은 잔과 하나님의 뜻이 하나였음을 알았다. 그래서 주님은 "아버지께서 주신 잔을 내가 마시지 아니하겠느냐"(요 18 : 11)라고 말씀하셨다.

겟세마네 동산에서는 아직 잔이 주님으로부터 옮겨질 가능성이 있었다. 그것은 잔과 하나님의 뜻이 아직 하나가 되지 않았기 때문이다.

그러나 겟세마네에서 이 체험을 한 후에, 주님은 잔이 하나님의 뜻과 하나라는 것을 아셨다. 그러므로 겟세마네 밖에서도 잔은 이미 하나님의 뜻과 하나였다. 그것은 아버지께서 주신 잔으로, 그가 반드시 마셔야 할 잔이었다.

이것은 매우 심오한 영적 교훈이다. 주님은 처음부터 십자가에 관심을 두지 않으셨다. 주님은 먼저 하나님의 뜻을 행하는 것에 관심을 두셨다. 십자가에 달리는 것은 이루 말할 수 없이 중요한 일이었지만, 그것도 하나님의 뜻 자체를 대신할 수는 없었다.

만인을 위해서 주님이 달려 죽으신 그 십자가도 하나님의 뜻을 능가할 수는 없다. 주님은 십자가에 달려 죽으시러 오신 것이 아니라 하나님의 뜻을 행하기 위해 오셨다. 하나님의 뜻이 십자가보다 더 높다. 그러므로 주님이 십자가에 못박히신 것은 십자가 때문이 아니라 하나님의 뜻을 행하기 위해서였다.

주님은 아버지를 위해 십자가에 못박히셨다. 주님은 십자가와 직접적인 관계가 없다. 다만 하나님의 뜻과 직접적인 관계가 있을 뿐이다. 주님이 택하신 것은 십자가가 아니라 하나님의 뜻이었다. 따라서 주님이 잔을 마신다는 것은 하나님의 뜻에 순종함으로써 하나님의 강력한 권위에 복종한다는 뜻이었다. 그래서 주님은 야고보와 요한에게 "너희가 나의 마시는 잔을 마실 수 있느냐"고 물으셨던 것이다.

많은 사람들이 헌신이나 고난이나 일과 관계를 맺을 수 있으나, 우리는 오직 하나님의 뜻과 직접적인 관계를 맺고 있어야 한다. 혹자들은 한 일에 종사할 때 다른 일은 잘하지 못한다. 그들은 자기가 몰두하고 있는 일에만 집착하게 된다. 따라서 하나님의 더 큰 뜻을 더 이상 받아들이지 못한다.

그들은 하나님의 뜻 때문에 일하는 것이 아니라 일 자체를 위해서 일하고 있으므로 그 일을 끝까지 계속하겠다고 주장한다. 그러나 주님은 그렇지 않으셨다. 주님은 하나님의 뜻을 행하는 것에만 열중해 있었기에, 하나님의 뜻이 아니라면 십자가에 달리지 않으셨을 것이다.

그러나 주님을 향한 하나님의 뜻이 십자가라는 사실을 명백히 알게 되자, 그 즉시 주님은 십자가를 받아들이시고 이루 말할 수 없는 고통을 참으셨다. 따라서 야고보와 요한에 대한 주님의 질문은 이런 것이었다. 내가 순종하는 것처럼 너희도 하나님께 순종할 수 있느냐? 이것이 주님의 잔이다.

하나님께 순종하는 사람은 오로지 하나님의 뜻에만 관심이 있다. 다른 모든 것은 변할 수도 있다. 하나님의 뜻을 행하기에 앞서 먼저 하나님의 권위에 순종해야 한다. 겟세마네 동산에서 주님은 순종의 절정에 이르셨다.

주님은 잔과 하나님의 뜻을 혼동하지 않으셨다. 주님의 순종의 대상은 하나님의 뜻이다. 잔은 목적이 아니다. 주님은 하나님의 뜻이 그 어느 것보다도 더 높다고 생각하기 때문에 하나님의 뜻에 영원히 복종하신다. 가장 중요한 것은 사역이나 고난이나 십자가가 아니라 하나님의 뜻이다.

주님께서는 야고보와 요한에게 다음과 같이 말씀하시는 것 같았다. 너희가 나의 오른편과 왼편에 앉는 것은 나의 잔을 마시는 것에 달려 있다. 나의 잔을 마시는 것은 곧 하나님의 뜻에 절대적으로 복종하는 것이다.

그러면 주님의 세례는 무엇을 의미하는가? 이것은 요단강에서 받은 세례를 지칭하는 것이 아니다. 그것은 이미 지난 과거의 일이기 때문이다. 여기서 세례는 미래, 곧 십자가상에서의 주님의 죽음을 가리킨다. 주님은 이렇게 말씀하셨다. "나는 받을 세례가 있으니 그 이루기까지 나의 답답함이 어떠하겠느냐"(눅 12 : 50).

주님은 자신의 해방을 예기하셨다. 하나님의 영광의 풍성함이 그의 성육신하신 몸 안에 갇혀 있었다. 주님은 얼마나 답답하고 갑갑하셨겠는가! 주님이 해방되신다면 그 얼마나 큰 축복인가! 그러므로 십자가는 대속을 의미할 뿐 아니라 생명의 해방을 의미하기도 한다. 하나님은 십자가를 통해서 자신의 생명을 해방시키셨다.

하나님의 생명이 해방되는 순간, 그것은 세상에 던져진 불처럼 타오를 것이다. 그것은 화평 대신에 분열을 일으킬 것이다. 무엇이든지 불에 닿으면 타기 마련이다. 가족이 분열될 것이다. 신자들과 불신자들이 분쟁할 것이다. 생명 있는 자들과 생명 없는 자들이 서로 적대해서 싸울 것이다. 탄 것과 타지 않은 것들이 서로 부딪칠 것이다. 이것을 주님의 세례라고 부른다.

생명이 있는 곳에는 화평이 아니라 분쟁만이 있을 뿐이다. 왜냐하면 이런 세례를 받은 사람들은 그것을 받지 않은 사람들과 분리되기 때문에 그러한 것이다.

여기서 주님은 이렇게 말씀하시는 것 같다. 나는 이제 십자가로 나아가 생명을 해방시켜 사람들이 피차 분쟁하도록 할 것이다. 자, 너희도 이와 같은 일을 할 수 있겠느냐? 세례 자체는 처음에 죽고 그 다음에 생명이 해방되는 것이다.

이러한 세례의 결과로 사람들은 나누어진다. 이것은 바울이 "사망은 우리 안에서 역사하고 생명은 너희 안에서 하느니라"(고후 4 : 12)고 말한 것과 유사하다. 세례를 통해서 주님은 사망에 의해 외부의 껍질을 벗고 생명을 해방시킨 것이다.

오늘날 우리도 같은 일을 해야만 한다. 우리는 겉사람이 깨어져 내적인 생명이 흘러나오도록 해야 한다. 사람의 겉껍질이 깨어질 때,

그는 다른 사람들과 매우 가까워지고 생명이 쉽게 흘러나온다. 그렇지 않으면 생명은 갇혀 있게 되고 영은 나오기가 어려울 것이며, 따라서 다른 사람에게 생명을 주는 길은 막혀 버릴 것이다.

생명이 흘러나오기 시작하는 때는 밀알이 땅에 떨어져 껍질을 깨고 나올 때이다. 주님은 이렇게 말씀하셨다. "누구든지 나를 위하여 제 목숨을 잃으면 찾으리라"(마 16 : 25).

주님은 "죽으라"고 말씀하시지 않고 "세례를 받으라"고 말씀하신다. 그것은 야고보와 요한이 속죄의 죽음에 가담한 것으로 잘못 해석하는 일이 없도록 하기 위함이다. 속죄에 대해 말하자면, 그리스도는 우리의 대제사장으로서 홀로 우리의 죄를 대속하셨다. 예수님 외에 속죄하거나 속죄의 일부분이라도 담당할 수 있는 자는 아무도 없다.

그리스도의 죽음에 있어서 속죄의 측면에서는 우리가 전혀 관여할 수 없지만, 생명의 해방이라는 측면에서는 우리 모두 가담할 수가 있다. 그러므로 여기서 주님은 그리스도의 죽음에서 속죄와 관련된 부분을 말씀하시는 것이 아니라, 생명의 해방과 관련된 부분을 말씀하시는 것이다.

따라서 주님은 우리에게 다음과 같이 말씀하시는 것 같다. "내가 받을 세례는 나의 겉껍질을 깨고 생명을 해방시키는 것이다. 너희는 그러한 세례를 기꺼이 받겠느냐?" 사람이 깨어지지 않으면 생명이 흘러나올 수 없다. 깨어지지 않은 사람은 자신과 타인 사이에 먼 거리를 두고 있다. 비록 사람들 곁에 매우 가까이 앉아 있어도, 그는 그들에게 영향을 미칠 수 없다. 왜냐하면 그의 내적 생명이 자유롭게 흘러나오지 못하기 때문이다.

이 생명이 흘러나오는 순간 세상은 화평을 잃고 싸움을 하게 된다. 이런 생명이 흘러나오는 사람들 때문에 많은 사람들이 서로 갈라진다.

주님께 속한 사람과 속하지 않은 사람간의 차이는 굉장한 것이다. 주님을 모신 자와 모시지 않은 자, 하나님을 아는 자와 모르는 자, 대가를 치른 자와 치르지 않는 자, 신실한 자와 신실치 않은 자, 시련을 받은 자와 시련을 거절한 자 사이에 많은 다툼이 일어날 것이다.

주님은 야고보와 요한에게 다음과 같이 말씀하신 듯하다. "너희들은 나의 오른편과 왼편에 앉음으로써 다른 사람과 구별되기를 구하는데, 그렇다면 오늘날 하나님의 다른 자녀들과 뚜렷하게 구별될 수 있겠느냐? 너희는 영광 중에 나의 오른편과 왼편에 앉기 전에, 먼저 나의 잔을 마시고 나의 세례를 받아야 한다." 야고보와 요한은 교만하게도 "할 수 있나이다"라고 대답했다.

그렇지만 주님은 그들에게 주님의 양편에 앉는 것을 약속해 주지 않으셨다. 그들이 비록 잘못된 요구를 했지만, 주님은 올바른 대답을 해주셔야 했다. 주님의 생각은 이런 것이었다. 즉 사람이 주님의 잔을 마시지 않고 주님의 세례를 받지 않고서는 주님의 오른편이나 왼편에 앉을 수 없다.

또한 잔을 마시고 세례를 받는다 할지라도 주님 곁에 앉지 못할 수도 있다. 왜냐하면 그 자리는 하나님께서 정하신 사람들을 위해 예비된 자리이기 때문이다. "내 좌우편에 앉는 것은 나의 줄 것이 아니라 누구를 위하여 예비되었든지 그들이 얻을 것이니라"(막 10：40).

권위자는 군림하는 것이 아니라 겸손하게 섬긴다

주님은 권위의 문제에 관해서 계속 가르치셨다. 주님은 제자들을 불러모으시고 그들에게 영광 가운데 장차 있을 일에 관해서 가르치셨다. 주님은 말씀하시기를, 이방인들은 다른 사람들을 주관하기 위해 권세를 구한다고 하셨다. 우리가 장차 있을 영광을 구하는 것은 좋은 일이나, 하나님의 자녀들을 임의로 주관하거나 그들 위에 군림하려는 생각은 갖지 말아야 한다.

만약 그렇게 한다면 우리는 이방인과 같이 되는 것이다. 권위를 행사하고 남을 주관하려는 것은 이방인의 욕망이다. 이러한 정신은 교회에서 마땅히 추방되어야 한다. 주께서 사용하시는 사람들은 주님의 잔과 주님의 세례를 아는 사람들이다. 우리가 잔을 마시고 세례를 받으면 자연히 권세를 가지게 되는 것이다.

우리가 외적으로 사람들을 주관하려고 하는 것은 가장 추잡한 일이다. 우리는 이러한 이방인의 정신을 우리에게서 몰아내야 한다. 그렇지 않으면 우리는 다른 사람들을 인도할 수 없게 된다.

권위를 행사하려고 하는 사람들은 권위를 받지 못한다. 하나님은 그런 사람에게 결코 권위를 주시지 않기 때문이다. 이방인의 정신이 우세한 사람일수록 하나님은 그 사람을 사용하실 수 없다. 이상한 이야기지만, 자신의 불완전함을 느끼는 사람에게 하나님은 권세를 주신다. 이것이 주님의 방법이며 또한 우리의 방법이 되어야 한다.

우리는 정치적 외교술에 능란한 정치인처럼 되어서는 안 된다. 우리는 어떤 사람이 반항할까봐 두려워서 그 사람에게 한 자리를 내어주는 일이 없어야겠다. 하나님 집에서는 정치적인 방법이 아니라 영적인 방법을 사용해야 한다.

우리의 태도가 아무리 온순하고 부드럽다 하더라도, 하나님 앞에서는 신실해야 한다. 하나님께 쓰임을 받으려면 먼저 하나님 앞에 엎드려야 한다. 자기가 스스로 일어서려고 할 때마다 그는 하나님께 거절을 당할 것이다.

이방인들 가운데서의 권세와 교회 안에서의 권세는 얼마나 큰 차이가 있는가? 이방인의 권세는 지위에 의해 다스리지만, 교회의 권세는 영적 생명의 사역에 의해 다스린다. 교회가 이방인의 상태로 떨어지는 것은 전적인 파멸이다. 교회는 이방인과 엄격한 구분을 유지하지 않으면 안 된다.

우리 가운데 자신이 권위자가 될 자격이 있다고 생각하는 사람이 있다면, 그 사람은 권위자가 되기에 가장 부적합한 사람이다. 우리는 이런 식별력을 항상 지니고 있어야 한다.

크고자 하는 자는 섬기는 자가 되어야 한다

하나님이 임명하신 권위자는 영적인 배경을 갖고 있어야 한다. 즉 그는 먼저 잔을 마셔야 한다. 이것은 하나님의 뜻에 대한 절대적인 복종을 의미한다. 그 다음에는 세례를 받아야 한다. 이것은 생명을 해방시키기 위해 죽음을 받아들이는 것을 의미한다.

조금이라도 권위를 행사하겠다는 뜻을 가져서는 안 되고, 반대로 모든 사람의 종과 노예로 봉사할 준비가 되어 있어야 한다. 달리 말하면, 한편으로는 영적 근거를 가져야 하며, 다른 한편으로는 겸손의 정신을 가져야 한다. 본인이 권위자가 되려고 노력하지 않기 때문에 하나님은 그를 권위자로 사용하실 수 있다.

잔도 마시지 않고 세례도 받지 않고서 권위에 관해 이야기하는 것은 무의미한 일이다. 참으로 겸손해서 자기는 만인의 종이 될 수밖에 없다고 생각하는 사람에게, 주님은 그가 큰 자가 될 수 있다고 선언하신다.

결국 권위자의 조건은 자기의 불완전함과 무가치함을 인식하는 것이다. 성경을 보고 우리가 결론을 내릴 수 있는 것은, 하나님은 교만한 영혼을 결코 들어 쓰지 않으신다는 것이다. 사람이 교만해지는 순간 하나님께 버림을 받는다. 그의 감추어진 교만은 조만간 말을 통해 드러날 것이다. 왜냐하면 말은 속에 있는 것을 누설하기 때문이다. 장차 하나님의 심판석에서는 아무리 겸손한 자라도 크게 당황할 것이다. 그렇다면 그날에 교만한 자의 공포는 얼마나 더 크겠는가!

우리는 우리의 불완전함을 인식하고 있어야 한다. 하나님께서는 무능한 사람을 들어 쓰시기 때문이다. 여기서는 세련된 외교술이 중요하지 않다. 그보다 우리는 무익한 종에 불과하다는 것을 진정으로 느끼고 있어야 한다. 우리가 양떼를 돌보고 밭을 경작하고 집에 돌아올 때에도 여전히 우리 자신을 그저 무익한 종으로 여겨야 한다. 우리는 종의 자리에 서는 것을 망각해서는 안 된다.

하나님은 스스로 의롭다 하고 유능하다고 하는 사람에게 결코 하나님의 권세를 위임하지 않으신다. 교만을 버리고 겸손하고 온유하기를 배우자. 결코 자신을 변호하지 말자. 하나님의 빛에 비추어 우리 자신을 알아가도록 하자.

끝으로 주님은 이렇게 말씀하셨다. "인자의 온 것은 섬김을 받으려 함이 아니라 도리어 섬기려 하고 자기 목숨을 많은 사람의 대속물로 주려 함이니라"(막 10:45). 주님은 권세자가 되기 위해 오신 것이 아니었다. 주님은 섬기러 오셨다.

사람이 자만하지 않고 겸손할수록 하나님께 더 유용하게 쓰임을 받는다. 또한 자부심이 강하고 자기를 특출한 사람으로 여기는 사람일수록 쓸모 없는 사람이 된다.

우리 주님은 종의 형태를 취하사 사람의 모양으로 태어나셨다. 주님은 권세를 잡기 위해 손을 내미신 적이 없으셨다. 권세는 하나님이 주시는 것이기 때문이다. 주 예수님은 가장 낮은 데서 가장 높은 데로

승귀하셨다. 이것이 주님의 생애의 원리이다.

우리는 육적인 권세를 잡기 위해 육의 손을 내밀지 않도록 하자. 어느 날 하나님께서 우리에게 특수한 임무를 부여하실 때까지 그저 모든 사람의 종이 되자. 그렇게 하면 우리는 하나님을 대표하는 것을 배울 것이다.

사역은 권위의 기초이다. 사역은 부활에서 오며, 봉사는 사역에서 오고, 권위는 봉사에서 나온다. 주님이시여, 우리를 교만한 데서 구해 주시옵소서!

육의 손으로 하나님의 권위를 강탈하는 사람에게 임할 심판은 얼마나 심각할까! 우리는 지옥 불을 무서워하듯 권위를 두려워하자. 하나님을 대표하는 일은 쉬운 일이 아니다. 그것은 우리가 접하기에는 너무나 크고 놀라운 일이다.

우리는 철저하게 순종의 길을 걸어가야 한다. 우리가 가야 할 길은 권위가 아니라 순종이다. 그것은 머리가 되는 것이 아니라 종이 되는 것이며, 통치자가 되는 것이 아니라 노예가 되는 것이다. 모세와 다윗은 둘 다 위대한 권위자였지만 자신의 권위를 세우려고 애쓴 사람들이 아니었다.

오늘날 권세를 누리고자 하는 사람은 모세와 다윗의 발자취를 따라야 한다. 권위자가 되는 문제에 관해서는 언제나 두려움과 떨림이 있어야 한다.

19

스스로 거룩해져야 할 위임 권위자들

또 저희를 위하여 내가 나를 거룩하게 하오니 이는 저희도 진리로 거룩함을 얻게 하려 함이니이다(요 17:19).

우리는 영적 권위가 영적 사실에 기초한다는 사실을 이미 보아 왔다. 영적 권위는 사람에 의해서 분배되는 것이 아니라 하나님께로부터 온다는 것을 배웠다. 우리가 기억해야 할 것은, 영적 권위는 한편으로 영적 사실에 기초하고 다른 한편으로는 하나님 앞에서 인간의 겸손하고 순종하는 태도에 기초하고 있다는 점이다.

그런데 지금 여기서 한 가지 더 추가할 사실은, 권위자가 되고자 하는 사람은 무리로부터 성별되어야 한다는 점이다. 우리 주님은 하나님으로부터 보내심을 받았으며 하나님과 끊임없이 교제하셨음에도 불구하고, "저희를 위하여 내가 나를 거룩하게 하노라"고 선언하셨다.

"주께서 자신을 거룩하게 하신다"는 것은 무슨 뜻인가

"주께서 자신을 거룩하게 하신다"는 것은 제자들을 위해서 주님이 다음과 같은 여러 가지를 삼가신 것을 의미한다. 즉 주님이 얼마든지 합법적으로 하실 수 있었던 많은 일들을 하지 않으시고, 주님이 얼마든지 하실 수 있었던 많은 말들을 삼가시며, 주님이 정당하게 취하실 수 있었던 많은 태도를 취하지 않으시며, 주님께 합당한 여러 가지 옷들을 입지 않으시며, 주님이 마땅히 잡수실 수 있었던 많은 음식을 잡수지 않으신 것을 의미한다.

죄를 모르는 하나님의 아들로서 주님의 자유는 우리가 세상에서 가질 수 있는 자유를 훨씬 능가하는 것이었다. 우리는 우리 안에 결함들이 있기 때문에 많은 일을 행할 수 없다. 우리는 깨끗지 못한 사람들이기 때문에 많은 말을 할 수 없다. 그러나 우리 주님은 지극히 거룩하시기 때문에 주님의 생애에서는 그러한 어려움이 없었다.

우리는 천성이 온통 교만덩어리인 만큼 스스로 겸손해야 한다. 그러나 주님은 결코 교만하지 않으셨기 때문에 겸손하실 필요가 없었다. 우리는 천성적으로 조급한 사람들이기 때문에 인내를 필요로 하지만, 주님은 조금도 조급하신 분이 아니었기에 인내하실 필요가 없었다. 주님은 조금도 죄가 없으셨기 때문에 모든 일에 삼가실 필요가 없었다.

주님의 노여움마저도 죄가 없었다. 그럼에도 불구하고 주님은 "저희를 위하여 내가 나를 거룩하게 하노라"고 말씀하신다. 주님은 기꺼이 모든 일에 삼가셨다.

거룩의 문제에 관해서 볼 때, 주님은 자신의 거룩은 물론 우리의 거룩까지도 염두에 두고 계셨다. 우리가 가진 거룩은 우리로 하여금 세상에서 거룩하게 구별되게 만든다. 그 결과 우리가 행할 수 없는 많은 일들이 생긴다. 주님은 자신의 거룩은 제쳐 두고라도 우리의 거룩을 더하기 위해 자신을 거룩하게 하신 것이다. 우리를 위해서 주님은 인간들로부터 오는 제한들을 받아들이셨다.

우리 인간은 언제나 죄를 따라서 말하고 판단하지만 주님은 자신의 거룩하심을 따라 말씀하시고 행동하시므로, 주님은 죄 많은 인간들의 생각에 의해 오해를 받지 않기 위해 제한을 기꺼이 받아들이셨던 것이다. 우리는 죄 때문에 활동할 수 없으나, 주님은 거룩함으로 인해 스스로 제한을 받으신다. 우리는 어떤 일을 해서는 안 되기 때문에 하지 않지만, 주님은 하실 수 있는 일도 하지 않으신다.

주님은 하나님의 권위를 위해 많은 일들을 삼가셨는데, 이는 세상과 구별된 모습을 드러내기 위함이었다. 이것이 주께서 자신을 거룩하게 하신 것이다.

권위자가 되는 것은 흔히 고독을 의미한다

권위자가 되는 법을 배우는 가운데 우리는 형제 자매들 앞에서 거룩해져야 한다. 우리는 많은 합법적인 일들을 하지 못하고, 마땅히 할 수 있는 말도 하지 못한다. 우리는 말과 감정에 있어서 거룩해야 한다. 우리는 자기 나름대로 어떤 태도를 취하되, 하나님의 자녀들 가운데서 거룩하게 구별되어야 한다.

형제 자매들과의 교제에도 반드시 일정한 한계선이 있어야 하며, 그 한계선을 넘어 아무렇게나 경박하게 행동해서는 안 된다. 우리는 오히려 자유를 상실해야 한다. 어쩌면 우리는 고독한 처지에 이를 것이다. 고독은 권위자의 표지이다. 고독하게 되는 것은 교만해서가 아니라 하나님의 권위를 대표하기 위해서이다.

여기서 문제가 되는 것은 죄가 아니라 거룩이다. 거룩의 반대는 죄가 아니라 통속성이다. 거룩하게 된다는 것은 다른 사람과 다르게 된다는 뜻이다. 우리는 많은 정당한 일들을 삼갈 것이며, 얼마든지 할 수 있는 말들도 삼갈 것이다. 이것은 외적인 겉치레가 아니라 하나님의 억제이다. 오직 이런 방법으로만 우리는 하나님의 위임 권위자들이 될 수 있다.

권위를 위임받은 사람은 모든 말과 행동에서 하나님을 대표하는 것이다. 민수기 20 : 12에서 본 바와 같이 모세는 이스라엘 백성 앞에서 하나님의 거룩함을 나타내지 못했으며, 그들 앞에서 자신을 거룩하게 하지도 못했다. 그는 하나님을 잘못 대표했다. 그래서 가나안에 들어가지 못했다.

참새들은 떼를 지어 날아다니지만, 독수리들은 홀로 난다. 만일 우리가 높이 나는 고독함을 참을 수 없어서 낮게 날고 있다면, 우리는 권위를 위임받기에 부적합한 사람이다. 권위의 자리에 이르기 위해서는 절제가 요구된다. 우리는 자신을 거룩하게 해야 한다. 다른 사람이 할 수 있는 일을 당신은 할 수 없고, 다른 사람이 하는 말을 당신은 할 수 없다.

당신은 성령님이 당신 안에서 가르치시는 대로 성령께 순종해야만 한다. 혹 당신은 고독감을 느끼며 군중의 환호성을 잃을지 모르나, 감히 형제 자매들과 어울려서 그들과 똑같이 농담하고 시시덕거려서는 안 된다. 이것이 권위의 대가이다. 우리는 주님과 같이 자신을 거룩하게 하지 않으면 권위자가 될 자격이 없다.

그러나 우리가 주님의 몸의 지체들이라는 점에서 볼 때, 권위를 위임받은 사람은 누구든지 다른 형제 자매들과 몸의 교제를 유지하는 데 있어서는 보통 사람들과 동등해야 한다. 따라서 권위자는 하나님을 대표하는 데 있어서는 모든 사람에게 본이 되도록 하나님의 억제 아래서 자기 자신을 거룩하게 해야 하며, 반면에 몸의 한 지체로서 그는 자신이 특수한 계급에 속해 있다는 잘못된 지위관을 버리고 형제들과 함께 연합해서 봉사해야 한다.

권위자가 되려면 자신의 애정도 억제해야 한다

레위기 10:1-7은 나답과 아비후의 심판을 기록하고 있다. 이들이 심판을 받게 된 이유는 아버지 아론의 권위에 복종하지 않았기 때문이다. 아버지가 기름부음을 받던 날에 아론의 네 아들도 성소에서 기름부음을 받아 제사장들이 되었다.

그러나 그들은 개별적으로 하나님을 섬길 수 없었고 다만 아버지가 하는 일을 돕도록 되어 있었다. 그들은 어떤 일을 시작할 권한이 없었다. 그럼에도 불구하고 나답과 아비후는 아버지의 허락도 없이 자기들의 생각대로 다른 불을 바쳤다. 그 결과 그들은 불에 타서 죽고 말았다.

그 후 모세는 아론에게 말했다. "이는 여호와의 말씀이라 나를 가까이 하는 자 중에 내가 거룩하다 함을 얻겠고." 이 사건에서 하나님은 어떤 사실을 계시하신다. 그것은 곧 하나님께 가까이 있는 사람들은 결코 부주의해서는 안 된다는 것이다. 그들에게는 일반적인 사람들보다 훨씬 더 혹독한 징계가 내려진다.

네 아들 중에서 두 아들, 나답과 아비후가 하루에 죽었을 때 아론은 어떻게 했는가? 아론은 이중 관계에 놓여 있었다. 즉 그는 하나님 앞에서는 제사장이요 가정에서는 가장이었다. 사람이 자기의 친자식을 잊을 정도로 하나님을 섬길 수 있는가?

이스라엘 백성의 풍습에 의하면, 가족 가운데 누가 죽으면 모든 가족들이 머리를 풀고 옷을 찢었다. 그런데 이 경우에 모세는 죽은 두 아들의 시체를 옮기라고 명령하고 아론과 나머지 두 아들에게는 그 당시의 풍습을 따르지 못하게 했다.

사람이 죽어서 애도하는 것은 정상적인 인간의 감정이며 지극히 당연한 일이다. 그러나 여기 있는 대로 하나님을 섬겼던 그들에게는, 그들도 죽음을 당하지 않도록 그렇게 슬퍼하지 말라고 했다. 이 얼마나 심각한 일인가!

하나님을 섬기는 사람들은 보통 이스라엘 백성과 다른 기준으로 판단을 받았다. 다른 모든 이스라엘 백성들이 다 할 수 있는 것도 그들은 하지 못했다. 아버지가 자식을 위해 애곡하고 형제가 형제를 위해 비탄하는 것은 당연하고 자연스러운 일이었지만, 거룩하게 기름부음을 받은 사람들은 자신을 거룩하게 해야만 한다.

이 경우에 그들에게 죄가 있었던 것은 아니다. 그러나 죄가 개입되어 있지 않더라도, 합법적인 일이라고 해서 무엇이나 무분별하게 다 해도 되는 것은 아니다. 문제는 죄가 아니라 거룩이다.

이미 언급한 대로, 거룩의 반대는 통속성이다. 거룩은 남들은 할 수 있어도 나는 할 수 없음을 의미한다. 제자들은 할 수 있는 일을 주님은 하지 않으신다. 또 다른 형제들은 할 수 있는 일을 위임 권위자들은 할 수 없다. 아무리 정당한 감정이라도 통제를 받아야 한다. 그렇지 않으면 죽을 수도 있다.

이스라엘 백성들은 그들의 죄 때문에 죽었지만, 제사장들은 거룩하지 못했기 때문에 죽을 수도 있었다. 이스라엘 백성의 경우에는 다른 사람을 죽이면 자기도 반드시 죽게 되지만, 아론의 경우에는 자기 자식의 죽음을 슬퍼하기만 해도 죽음을 당했을 것이다. 권위를 위임받은 사람들은 그에 해당되는 대가를 치러야 하는 법이다.

아론은 회막 밖으로 나가지도 못했다. 그는 다른 사람들을 시켜 죽은 아들들의 시체를 매장해야 했다. 이스라엘 백성들은 회막 안에 거하지 않았으나, 반면에 아론과 그의 아들들은 회막 문 밖으로 나가는 것이 허용되지 않았다. 그들은 부지런히 하나님의 명령을 준행해야만 한다. 기름부음은 우리를 관습적인 행위는 물론 자연적인 애정에서도 떠나 거룩하게 한다. 우리는 하나님이 우리에게 주신 기름부음을 존중해야 한다.

그러므로 우리가 나머지 백성들과 거룩하게 구별되기 위해서는 하나님 앞에서 철저한 다스림을 받아야 한다. 세상과 보통 형제 자매들은 가족에 대한 애정을 계속 가질 수 있으나, 하나님의 위임 권위자들은 무엇보다 먼저 하나님의 영광을 생각해야 한다. 그들은 자신의 애정을 자유롭게 발산해서도 안 되고 부주의하거나 반항적으로 행동해서도 안 된다. 그보다 그들은 하나님의 영광을 바라고 하나님께 찬양을 돌려야 한다.

섬기는 자들은 하나님께 기름부음을 받은 자들이다. 그들은 자신의 애정을 희생해야 하며, 아무리 합법적인 감정이라도 부인할 줄 알아야 한다. 하나님의 권위를 유지하고자 하는 사람은 자신의 감정을 물리치는 방법을 터득해야 하며, 일가 친척이나 친구들, 사랑하는 사람들을 향한 깊은 애정도 팽개칠 줄 알아야 한다.

하나님의 요구는 빈틈이 없으시다. 사람이 자신의 애정을 제쳐 두지 못하면 하나님을 섬길 수 없다. 거룩하게 구별된 사람이 하나님의 종이다. 거룩하게 구별되지 않은 사람은 그냥 보통 사람이다.

생활과 쾌락에 있어서 거룩하게 될지라

왜 나답과 아비후는 다른 불을 드렸는가? 성경에 보면 그 일이 있은 후에 하나님은 아론에게 다음과 같이 말씀하셨다. "너나 네 자손들이 회막에 들어갈 때에는 포도주나 독주를 마시지 말라"(레 10:9).

성경을 읽을 줄 아는 사람이라면 누구나 이 두 형제가 술에 취해서 다른 불을 바쳤다는 사실에 동의할 것이다. 이스라엘 백성들에게는 포도주와 독주를 마시는 것이 허용되었으나, 하나님의 제사장들에게는 술을 가까이 하는 것이 절대 금지되어 있었다.

그러므로 이것은 쾌락의 문제와 결부된다. 다른 사람들은 즐길 수 있으나, 위임 권위자들은 즐길 수 없다. 다른 사람들은 쾌락을 좋아할 수 있으나(술은 쾌락을 말함) 위임 권위자들은 그럴 수 없다. 하나님을 섬기는 종들은 훈련이 되어서 거룩한 것과 통속적인 것, 정결한 것과 부정한 것을 구별할 수 있을 것이다.

위임 권위자들도 모든 형제 자매들과 몸의 교제를 유지해야 하는 것은 사실이지만, 특별한 봉사를 할 때는 결코 부주의하게 행동해서 안 된다. 절제의 고삐를 느슨하게 하는 것은 무엇이든지 행하지 말아야 한다.

레위기 21장은 하나님을 섬기는 제사장들이 스스로를 거룩하게 하기 위해 부여받은 하나님의 특별한 요구 사항들을 기록하고 있다. 그 요구 사항들은 아래와 같다.

1. 제사장은 백성들 가운데 죽은 자로 인하여 스스로 더럽혀서는 안 된다. 단 골육지친만은 예외다(이것은 일반적인 요구 사항이었다).
2. 제사장들은 의복과 몸을 거룩하게 해야 한다. 그들은 머리털을 깎아 대머리 같게 해서도 안 되며, 그 수염 양편을 깎아도 안 된다(이런 일들은 태양신을 섬기는 애굽인들이 행했던 일이다). 또 제사장들은 살을 베어서도 안 된다(이것은 아프리카인들이 행했던 일이다).
3. 제사장들은 혼인에 있어서 거룩해야 한다.
4. 대제사장에 대한 하나님의 요구 사항은 훨씬 더 엄격하다. 대제

사장은 어떠한 시체도 가까이 해서는 안 되며, 자기 부모의 시체로 인해서도 자신을 더럽혀서는 안 된다.

직분이 높을수록 요구 사항도 더 엄격하다. 하나님과 얼마나 가까이 있느냐에 따라 하나님의 요구 사항이 결정된다. 하나님께서 더 많은 것을 위임하신 자에게는 더 많은 것을 요구하신다. 하나님이 특별히 관심을 두시는 것은 하나님의 종들이 자신을 거룩하게 하는지의 여부이다.

권위는 거룩에 기초한다

권위의 기초는 거룩에 있다. 거룩이 없이는 권위가 있을 수 없다. 만일 당신이 일반 대중과 같이 살기를 원한다면 결코 권위자가 될 수 없다. 당신이 일반 사람들과 아주 자유롭고 구애받지 않는 교제를 유지하고 있다면 당신은 하나님을 대표할 수가 없다. 권위가 높을수록 구별이 더 뚜렷해진다.

하나님께서는 지극히 높은 권위자이시며 만유 위에 계신다. 우리는 불결하고 통속적인 것에서 거룩하게 구별되기를 배우자. 주 예수님은 원하시는 대로 무엇이나 하실 수 있었으나, 제자들을 위해서 자신을 거룩하게 하셨다.

우리가 진심으로 하나님을 기쁘시게 하기를 원할진대, 더 깊은 거룩을 추구하자. 이것은 우리가 다른 하나님의 자녀들보다 더 거룩하여 그들과 분리되지 않더라도 보통 사람들과 구별되는 것을 의미한다. 우리가 더욱더 거룩해지고 또 하나님의 권위에 더욱더 복종할수록 우리는 더 훌륭한 위임 권위자가 된다.

교회에서 권위자들이 실패한다면, 어떻게 순종이 유지될 수 있겠는가? 이 권위의 문제가 해결되지 않으면 교회는 항상 혼란스러운 상태를 모면할 수 없을 것이다.

참으로 권위를 위임받은 자는 권위를 움켜잡지 않는다. 그는 하나님을 섬기며, 기꺼이 대가를 치르고, 흥분을 추구하지 않는다. 권위자가 되기 위해서는 높이 올라가야 하며, 고독을 두려워해서는 안 되고, 거룩하게 되어야 한다.

우리는 하나님의 권위가 회복될 수 있도록 우리의 모든 것을 제단에 기꺼이 바치는 사람이 되기를 바란다. 이것이 교회 안에서 주님이 사용하시는 방법이다.

20

위임 권위자가 되기 위한 조건

아내들이여 자기 남편에게 복종하기를 주께 하듯 하라……남편들아 아내 사랑하기를 그리스도께서 교회를 사랑하시고 위하여 자신을 주심같이 하라……이와 같이 남편들도 자기 아내 사랑하기를 제 몸같이 할지니 자기 아내를 사랑하는 자는 자기를 사랑하는 것이라……그러나 너희도 각각 자기의 아내 사랑하기를 자기 같이 하고 아내도 그 남편을 경외하라(엡 5 : 22, 25, 28, 33).

자녀들아 너희 부모를 주 안에서 순종하라 이것이 옳으니라……또 아비들아 너희 자녀를 노엽게 하지 말고 오직 주의 교양과 훈계로 양육하라……상전들아 너희도 저희에게 이와 같이 하고 공갈을 그치라 이는 저희와 너희의 상전이 하늘에 계시고 그에게는 외모로 사람을 취하는 일이 없는 줄 너희가 앎이니라(엡 6 : 1, 4, 9).

하나님이 하나님의 회 가운데 서시며 재판장들 중에서 판단하시되 너희가 불공평한 판단을 하며 악인의 낯 보기를 언제까지 하려느냐(시 82 : 1, 2).

책망할 것이 없고 한 아내의 남편이며 방탕하다 하는 비방이나 불순종하는 일이 없는 믿는 자녀를 둔 자라야 할지라 감독은 하나님의 청지기로서 책망할 것이 없고 제 고집대로 하지 아니하며 급히 분내지 아니하며 술을 즐기지 아니하며 구타하지 아니하며 더러운 이를 탐하지 아니하며 오직 나그네를 대접하며 선을 좋아하며 근신하며 의로우며 거룩하며 절제하며(딛 1 : 6-8).

자기 집을 잘 다스려 자녀들로 모든 단정함으로 복종케 하는 자라야 할지며(사람이 자기 집을 다스릴 줄 알지 못하면 어찌 하나님의 교회를 돌아보리요) 새로 입교한 자도 말지니 교만하여져서 마귀를 정죄하는 그 정죄에 빠질까 함이요(딤전 3 : 4-6).

너는 이것을 말하고 권면하며 모든 권위로 책망하여 누구에게든지 업신여김을 받지 말라(딛 2:15).

누구든지 네 연소함을 업신여기지 못하게 하고 오직 말과 행실과 사랑과 믿음과 정절에 대하여 믿는 자에게 본이 되어(딤전 4:12).

이를 위하여 너희가 부르심을 입었으니 그리스도도 너희를 위하여 고난을 받으사 너희에게 본을 끼쳐 그 자취를 따라오게 하려 하셨느니라(벧전 2:21).

가정에서 하나님이 세우신 권위자는 자녀와의 관계에서는 부모이며, 아내와의 관계에서는 남편이며, 종들과의 관계에서는 주인이다. 세상에서 권위자는 신하들과의 관계에서는 왕이며, 피지배자들과의 관계에서는 지배자들이다. 교회에서 권위자는 하나님의 백성들과의 관계에서는 장로들이며, 사역과 관련해서는 사역자들이다. 이 여러 권위자들은 저마다 조건이 있다.

1. 남편

아내들은 남편에게 순종해야 하고 남편들은 한 가지 조건을 가지고 권위를 행사해야 한다고 성경은 가르치고 있다. 에베소서 5장에서는 세 번이나 남편들이 자기를 사랑하듯 아내를 사랑해야 한다고 했다. 확실히 가정에는 권위자가 있다. 그러나 권위를 가진 자는 하나님의 요구 사항을 성취해야만 한다. 교회를 향한 그리스도의 사랑이, 남편들이 자기 아내에게 주어야 할 사랑의 본보기를 제시한다. 그리스도가 교회를 사랑한 것같이 남편들도 자기 아내를 사랑해야 한다. 남편의 사랑은 그리스도의 교회에 대한 사랑과 같아야 한다. 만일 남편들이 하나님의 권위를 대표하기 원한다면, 먼저 자기 아내를 사랑해야 한다.

2. 부모

자녀들이 부모에게 순종해야 함은 말할 것도 없지만, 부모의 권위 또한 책임과 조건이 따른다. 성경은 말하기를 "아비들아 너희 자녀를 노엽게 하지 말라"고 했다. 부모는 권위를 가지고 있음에도 불구하고 하나님 앞에서 자신을 통제하는 법을 배워야 한다.

부모는 자기가 자녀들을 낳았고 키운다고 해서 절대적인 권리를 가진 것으로 생각하여 자기 기분에 따라 함부로 자녀들을 다루어서는 안 된다. 하나님은 우리 인간을 창조하셨지만 우리를 함부로 대하지 않으셨다. 보통 친구들이나 학생들이나 하급자에게나 친척들에게는 감히 할 수 없는 일을 자녀에게 행하는 것은 옳지 못하다.

부모에게 가장 필요한 것은 자기 자신을 통제하는 것이다. 즉 성령님에 의해 스스로를 통제할 수 있어야 한다. 부모가 자녀에게 행할 수 있는 일의 한계선이 있다. 부모가 자녀들에 대해 가지는 모든 권위의 목적은 가르치고 주님의 훈계로 양육하는 것이다. 자녀들을 지배하거나 징벌하려고 하지 말고, 다만 자녀들을 교육하고 사랑으로 보호해야 한다.

3. 주인

종들은 주인에게 반드시 순종해야 한다. 그러나 주인이 되는 데도 역시 조건이 따른다. 주인은 자기의 종들을 위협하거나 마음을 상하게 해서는 안 된다. 하나님께서는 그의 위임 권위자들이 무절제하게 행동하는 것을 허용하지 않으신다. 그들은 하나님을 두려워할 줄 알아야 한다.

주인들은 자기들의 주인이자 자기 종들의 주인이기도 한 하나님이 하늘에 계시다는 것과 그 하나님에게는 외모로 사람을 취하는 일이 없다는 사실을 알아야 한다(엡 6 : 9). 주인들도 권위 아래 있다는 사실을 기억하라. 사람들은 그들의 권위 아래 있지만, 그들 자신도 권위-하나님의 권위-아래 있다.

그렇기 때문에 그들은 마음대로 행할 수 없다. 권위에 대해 많이 알수록 그 사람은 더욱더 겸손하고 부드러운 사람이 된다. 위임 권위자가 취해야 할 태도는 관용과 사랑이다. 다른 사람을 협박하고 판단하는 사람은 곧 하나님께 판단을 받게 될 것이다. 그러므로 주인들은 하나님 앞에서 두려워해야 한다.

4. 통치자

우리는 정부의 권세자들에게 복종해야 한다. 신약 어디를 보아도 통치자가 되는 방법에 대해 가르친 곳은 없다. 그렇다고 해서 하나님이 세상을 주관한 권리를 그리스도인들에게 주지 않고 불신자들에게 주셨다고 할 수 있는가?

신약에 의하면, 하나님께서는 이 세대의 그리스도인들이 세상에서 통치자가 되도록 의도하지 않으신 것처럼 보인다. 그러나 구약은 우리에게 통치자의 조건을 제시하고 있다.

정부의 권세자가 되는 데 필요한 기본 조건은 의롭고, 공평하고, 공정하며, 가난한 자들을 돌보는 것이다. 이것들은 통치자가 준수해야 할 원칙들이다. 통치자들은 자기 자신을 내세우지 않으며 절대적인 공의를 유지해야 한다.

5. 장로

장로들은 지역 교회의 권위자들이다. 형제들은 장로들에게 복종하기를 배워야 한다. 디도서 1장에 열거되어 있는 바와 같이 장로들에게 반드시 필요한 자질은 절제이다. 불법자는 법을 집행할 수 없으며, 반역자는 복종을 일으킬 수 없다.

장로는 먼저 철저하게 자기를 절제해야 한다. 사람들 가운데 절제의 결핍이 얼마나 만연해 있는지 모르겠다. 그러므로 장로를 택함에 있어서 특별히 절제할 줄 아는 사람을 택하도록 해야 한다. 장로들은 교회를 돌보기 위해 세움을 받은 사람들이므로, 그들 자신이 먼저 순종하고 권위 아래 있는 법을 배워서 모든 사람의 본이 되어야 한다.

하나님께서는 자기가 으뜸 되기를 좋아하는 사람(요한삼서 9절의 디오드레베처럼)을 결코 장로로 임명하지 않으신다. 지역 교회에서 최고의 권위를 가지고 있는 장로들은 스스로 절제할 줄 알아야 한다.

디모데전서 3장과 4장에서는 장로에게 필요한 또 한 가지 자질을 언급하고 있다. 즉 장로는 자기 집을 잘 다스려야 한다. 여기서 집은 일차적으로 부모나 아내를 지칭하기보다는 특별히 자녀들을 지칭하는 말이다.

자녀들은 모든 일에 있어서 순종하고 존경을 표할 줄 알아야 한다. 좋은 아버지가 되는 법을 아는 사람이 장로로 선택될 것이다. 가정에서 적절한 권위를 행사하는 사람은 교회에서 장로가 될 자격이 있다.

또 장로는 결코 자만해서는 안 된다. 권위를 받고 거만해지는 사람은 장로 될 자격이 없는 사람이다. 지역 교회의 장로는 권세를 의식하지 말아야 한다. 누구든지 권세를 의식하는 사람은 장로 될 자격이 없으며, 교회의 일도 잘 처리하지 못한다. 꼭 변변치 않은 사람들이 교만하다. 그런 사람들은 하나님의 영광을 지니지 못할 뿐 아니라 하나님께 신임도 받지 못하며 쓰임도 받지 못한다.

그러므로 새로 입교한 사람은 장로로 피택받아서는 안 된다. 혹시라도 그가 교만해져서 마귀를 정죄하는 그 정죄에 빠질지도 모르기 때문이다(새로 입교한 자라는 헬라어의 의미는 처음으로 도끼질을 해 보는 목수의 견습생으로 설명된다).

6. 사역자

디도서 2:15에는 사역에 있어서 위임 권위자인 사역자들의 조건이 명시되어 있다. 디도는 교회의 장로는 아니었지만 사도에 의해서 주님을 섬기고 있었다.

바울은 그에게 이렇게 권고했다. "너는 이것을 말하고 권면하며 모든 권위로 책망하여 누구에게든지 업신여김을 받지 말라." 업신여김을 받지 않기 위해서 사람은 자기 자신을 거룩하게 해야 한다. 사역자가 생활과 행동에 있어서 평신도와 다를 바가 없다면, 또 절제하지 않고 나태한 삶을 살고 있다면 그는 멸시를 받지 않을 수 없다.

다른 사람들에게 존경을 받고 하나님의 대표자로서의 자질을 갖추려면 반드시 자기 절제가 필요하다. 바울은 디모데에게도 동일한 어조로 말했다. 사역자는 사람들로부터 영광과 명예를 얻으려 해서는 안 되는 것이 사실이지만, 거룩하지 못함으로 인해 업신여김을 받아서도 안 된다.

신약 전체에서 단 두 권만이 젊은 사역자들에게 쓰여진 것이다. 이 두 권에서 바울은 권고하기를, 그들의 연소함을 인해서 업신여김을 당하지 말고 오히려 다른 믿는 자에게 본이 되어야 한다고 했다. 그들은 자신이 업신여김을 당하도록 만드는 모든 것들을 버려야 한다.

권위자가 되는 데는 희생이 따른다. 그런 사람들은 다른 사람들과 거룩하게 구별되어야 하며, 따라서 고독한 삶을 살아갈 준비가 되어 있어야 한다. 본이 되는 사람들은 자신을 거룩하게 함으로써 다른 사람들과 구별된다.

자신을 높이 들어올려서도 안 되지만, 자신이 멸시를 당하도록 내버려두어서도 안 된다. 절대 교만해져서는 안 되지만, 또한 무시를 당해서도 안 된다. 지나치게 통속적이 되는 순간, 그는 사역을 할 수 없게 된다. 그러면 그의 유용성은 사라지고, 그의 권위도 상실된다.

하나님의 권위가 유지되는 것은 지극히 중대한 일이다. 권위는 통속성에서 나타나지 않고 거룩에서 나타난다. 권위를 나타내는 것은 하나님을 나타내는 것이며, 권위자가 되는 것은 모든 사람에게 본이 되는 것이다.

사명선언문

너희가 흠이 없고 순전하여……세상에서 그들 가운데 빛들로
나타내며 생명의 말씀을 밝혀 _ 빌 2:15-16

1. 생명을 담겠습니다
만드는 책에 주님 주신 생명을 담겠습니다.
그 책으로 복음을 선포하겠습니다.

2. 말씀을 밝히겠습니다
생명의 근본은 말씀입니다.
말씀을 밝혀 성도와 교회의 성장을 돕겠습니다.

3. 빛이 되겠습니다
시대와 영혼의 어두움을 밝혀 주님 앞으로 이끄는
빛이 되는 책을 만들겠습니다.

4. 순전히 행하겠습니다
책을 만들고 전하는 일과 경영하는 일에 부끄러움이 없는
정직함으로 행하겠습니다.

5. 끝까지 전파하겠습니다
모든 사람에게, 땅 끝까지, 주님 오시는 그날까지
복음을 전하는 사명을 다하겠습니다.

서점 안내

광화문점	서울시 종로구 새문안로 69 구세군회관 1층 02)737-2288 / 02)737-4623(F)
강남점	서울시 서초구 신반포로 177 반포쇼핑타운 3동 2층 02)595-1211 / 02)595-3549(F)
구로점	서울시 동작구 시흥대로 602, 3층 302호 02)858-8744 / 02)838-0653(F)
노원점	서울시 노원구 동일로 1366 삼봉빌딩 지하 1층 02)938-7979 / 02)3391-6169(F)
일산점	경기도 고양시 일산서구 중앙로 1391 레이크타운 지하 1층 031)916-8787 / 031)916-8788(F)
의정부점	경기도 의정부시 청사로47번길 12 성산타워 3층 031)845-0600 / 031)852-6930(F)
인터넷서점	www.lifebook.co.kr